AVANT

ET

PENDANT

Comédies Politiques

EN VERS ET IMITÉES DE MOLIÈRE

PAR

J. CÉNAC-MONCAUT

PARIS

COMPTOIR DES IMPRIMEURS UNIS

COMON, éditeur, 45, Quai Malaquais,

Faubourg St Germain.

—

1850

AVANT ET PENDANT

AVANT

ET

PENDANT

Comédies Politiques

EN VERS ET IMITÉES DE MOLIÈRE

PAR

J. CÉNAC-MONCAUT

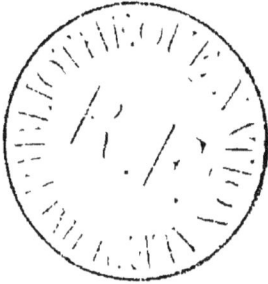

PARIS

COMPTOIR DES IMPRIMEURS UNIS

COMON, éditeur, 15, Quai Malaquais,
Faubourg St Germain.

—

1850

Avant et Pendant... Le lecteur comprendra sans peine qu'il manque un complément à ce titre... Nous nous proposions bien, lorsque nous entreprîmes ce travail, d'arriver jusqu'au mot *Après;* mais à quel millésime, et sur quel théâtre pouvions-nous placer ce dénoûment sacramentel ! Nous avouons naïvement n'avoir pas su démêler la troisième proposition de cette trilogie rétrospective, au milieu des nuages sociaux qui nous environnent... En essayant un *Après,* nous avons craint de n'ajouter qu'un nouvel acte *à Pendant;* mais le tableau n'était pas assez séduisant pour nous y balancer encore ; nous avons mieux aimé attendre.

Attendre, quoi ?... c'est là notre incertitude. Tel philosophe, doué d'une intuition plus étendue, ou tout au moins plus téméraire, eût peut-être essayé de pénétrer l'avenir, à l'aide de sa lunette astrologique, car nous ne manquons pas de gens qui prétendent posséder cette lunette de Merlin. Nous n'avons pas osé, quant à nous, demander au XIXᵉ siècle s'il tournait avec tant de malaise pour faire sa dernière halte chez les exilés de Londres ou de Claremont, de Suisse ou de Froshdorff, chez les prisonniers de Doullens, les mécontents de la rue Montmartre, ou les heureux de l'Elysée. Ce sont là des caprices de locomotion dont nous n'avons pas voulu demander compte à la fortune.

Il suffisait à notre synthèse politique, très peu audacieuse d'ailleurs, de comprendre que la houle durait encore, et que le voyage *où il vous plaira* n'était pas terminé pour la décider à respecter les mystères du destin.

Si nous sommes encore de ce monde lorsque l'avenir capricieux, qui doit tant rire de notre impatience à désirer de nouvelles mystifications, daignera faire arrêter la locomotive, nous essaierons de compléter les deux premières propositions de notre problème comique par ce fameux *Après*, qui sur douze impatients ne manquera pas d'en mécontenter une dizaine.

Si nous passons outre aujourd'hui, c'est qu'indépendamment du miroir politique que nous voulions présenter à nos contemporains, si oublieux du passé, nous avions une question de littérature dramatique à traiter, et c'était là, nous devons le dire, le but fondamental de notre tentative ; la politique n'était que le canevas... Cette question de littérature, nous allons la développer dans une préface rapide.

Les deux comédies essaieront d'en être la démonstration...

———

Nous ne manquons pas d'études sur Molière. Admirateur de ce vaste génie, dont les œuvres ont roulé dans notre cerceau, dont les franches allures ont hâté l'éveil de nos instincts littéraires, nous venons, à notre tour, le comparer à ses devanciers, à ses successeurs, et essayer de donner une application utile à ces recherches.

Molière, au milieu de son universalité, a subi une influence, revêtu une enveloppe essentiellement française. Sa philosophie est de tous les siècles et de toutes les nations sans doute ; il trouve des émules chez les Allemans et les Anglais, chez les Espagnols et les Italiens ; Gœthe, Schakspeare, Cervantes, Dante ont analysé l'humanité avec une supériorité qu'il n'a pas surpassée peut-être ; mais ce qui est bien à lui, ce qui est bien à la France, c'est cette satyre inépuisable, hardie et bienveillante à la fois qui frappe au vif, sans écorcher cependant avec la cruauté d'Aristophane ou de Cervantes... On sent qu'il entreprend de corriger et non de faire périr sur la roue de la torture. Ceux qu'il attaque ne sont pas des victimes vouées à la haine du spectateur. Son fou rire invoque tant de circonstances atténuantes qu'il nous dispose à les plaindre plutôt qu'à les condamner...

C'est là, dans notre conviction, le grand secret du poète et le fondement de sa gloire populaire... Il est difficile, en effet, au jury des banquettes de porter une condamnation de flétrissure et de mort civile sur un personnage, sans conserver au fond de l'âme une certaine inquiétude morale ; c'est l'impression qui nous poursuit après une représentation de la *Mère coupable* et des œuvres pénibles de ce caractère. La philosophie du grand poète, au contraire, ne laisse survivre ni remords, ni malaise. Le public, devenu juge, se repose tranquillement dans la conviction qu'en s'identifiant avec le poète, il a réprimandé, mais tout en pardonnant...

La morale rieuse et clémente de Molière exhale donc quelque chose de la candeur naïve de Lafontaine. Chez les deux émules, la couleur poétique, le feu sacré de l'art, répandus à pleins bords, nous plongent également dans l'admiration ; mais chez Molière, cette beauté du dessin, cette vigueur du coloris, empruntent à la puissance comique une pénétrabilité populaire qui subjugue toutes les intelligences et les coule en quelque sorte dans le moule du profond moraliste.

La grandeur du conquérant se mesure à l'étendue de ses conquêtes. Or, quel est le poète qui a subjugué plus d'intelligences que Molière. Ce succès, on ne peut le mettre en question, il le doit à cette philosophie rieuse qui s'adresse à tous les esprits, à toutes les classes ; bien supérieure en cela à ces autres genres littéraires qui ne peuvent émouvoir qu'un petit cercle d'initiés... Peu d'hommes sont dialecticiens, psychologues ou rhéteurs; mais tous ont une raison naturelle que la gaîté a le privilége d'émouvoir, ce qui revient à dire de convaincre.

Tel est le secret providentiel du génie. Il s'assimile le milieu inférieur qui l'entoure, il l'élève à sa hauteur par la chaleur de son talent, comme le soleil épure les vapeurs terrestres dans les régions aériennes.

Aussi, les générations, dominées par l'ascendant de Molière, se transmettent leurs impressions sans relâche, et les nouvelles viennent au monde avec le culte inné du philosophe comique; elles le considèrent comme le Jupiter olympien de la littérature française, et nos contemporains ont récemment manifesté leur vénération par une statue qui, dans sa pose, rappelle celle du dieu de Phydias.

Toutefois, une erreur grave nous paraît avoir présidé à la conception du monument de la rue de Richelieu... Pourquoi ces deux comédies?... Il n'y en avait qu'une à placer aux pieds du profond penseur, celle de la comédie rieuse..... Si on ne voulait pas qu'elle y fût seule, il fallait lui donner la philosophie pour compagne... Il est vrai que la comédie sérieuse qui contemple Molière avec une si touchante mélancolie pourrait, avec bien peu de changements, jouer le rôle de la Minerve antique.

Nous n'avons jamais su, quant à nous, reconnaître dans le génie de Molière que deux émanations : La philosophie observatrice et la puissance comique lui servant de manifestation... Ces deux vives-arêtes font saillie dans chacun de ses chefs-d'œuvre.

Tartufe nous présente un pauvre bonhomme, dupe de
sa confiance, une vieille acariâtre, entichée d'un fourbe,
par pur esprit d'opposition à ceux qui le détestent... Un
fourbe, enfin, dont la perversité ne va guère à l'esprit si
bienveillant partout ailleurs du poète...

Les *Femmes savantes* nous offrent une modification du
bonhomme Orgon dans *Crisalle*, avec la différence qu'à
l'entêtement du premier succède la faiblesse domestique
du second... Ce caractère se heurte à de sottes préten-
tieuses, à des pédants ambitieux, à toutes les aberrations
aveugles de la monomanie littéraire et scientifique.

On a peint, avant et après Molière, bien des traîtres tout
confits de béatitude, bien des vieillards *laudatores tem-
poris acti,* bien des crédules et des sots, bien des poètes
outrecuidants. Ces vices et ces travers ont été analysés
avec beaucoup d'exactitude par les philosophes et les
poètes de presque toutes les langues... D'où vient que
Tartufe et les *Femmes savantes* se maintiennent comme
des chefs-d'œuvre, doués d'une inaltérable jeunesse, sur
les débris de tant d'essais presque aussitôt oubliés
que mis au jour... C'est que l'exposition de ces vérités
morales offre chez Molière une vigueur de lignes prises sur nature, une vivacité de traits naïfs et enjoués
auxquels il n'est pas d'âme humaine assez raide pour
rester insensible.... Rappelons-nous la scène d'introduction où l'acrimonie de Mᵐᵉ Pernelle fait ressortir tous
les caractères de l'ouvrage. L'entrée en scène de Tartufe,
celle plus admirable encore où retentit l'exclamation
proverbiale le *pauvre homme!*... Dans les *Femmes savantes,* ces passages inimitables où les deux jeunes sœurs

dissertent sur la supériorité de la science et du mariage; où la folle Bélise veut contraindre Clitandre à lui déclarer son amour, où Crisalle entreprend de justifier Martine. Partout, le style et la poésie sont d'une grande beauté, sans doute; mais c'est dans la disposition et la charpente comique des scènes qu'éclate surtout le cachet du génie... Poésie et disposition scéniques; nous ne voudrions pas que l'on confondît ces deux parties très distinctes de l'art...

Pour trouver l'émule de Molière sur ce point, nous sommes obligés de remonter à Schakspeare; comme lui, le poète anglais ne se contente pas d'analyser les caractères par la dissertation dramatique, il les moule surtout dans la forme, dans la sculpture des scènes, dans le coloris du dialogue... Dans les tragédies de Racine, au contraire, tout est style, ode et narration... la charpente, le dessin, presque rien.

Si Molière a une comédie qui se rapproche un peu du faire de Racine, c'est le *Misanthrope;* la disposition et l'agencement y sont un peu sacrifiés à la beauté de la poésie. C'est de la haute philosophie en vers, châtiés dans le goût des esprits les plus difficiles de la cour; on voit qu'elle fut écrite pour les premières loges de Versailles, et non pour le parterre de la salle de l'hôtel Lambert. Aussi, cette œuvre admirable, sevrée du rire joyeux, n'a-t-elle jamais conquis la popularité de ses devancières; elle n'a conservé sa haute réputation que dans le cercle très restreint des littérateurs d'élite.

Quelle différence de succès pour l'*Avare*, le *Malade imaginaire*, le *Médecin malgré lui*, le *Bourgeois gentilhomme*, l'*Ecole des femmes*, le *Mariage forcé*, les *Fourberies de Scapin*, les *Précieuses ridicules!* Ici, l'observation et l'analyse morale sont développées avec toute leur puissance comique, et cette hardiesse n'a pas laissé un seul échelon de l'esprit national inexploré.

Il faut savoir le reconnaître. Si Molière s'est emparé si profondément de la faveur publique en France, comme Cervantes en Espagne, c'est qu'il ne recule pas devant les coups de pinceau forcés, les tournures incisives, les moyens hardis, les expressions que le goût trop épuré n'ose plus admettre. Rendre évidente la pensée qu'il expose, en frappant les sens avec vigueur, est sa suprême préoccupation.

Rappelons-nous, dans le *Médecin malgré lui*, les coups de bâton qui obligent Sganarelle à s'avouer médecin, le jargon latin qu'il est si heureux d'employer pour trouver le moyen de parler emphatiquement sans rien dire;

Dans le *Bourgeois gentilhomme*, la leçon de philosophie, l'affublement de M. Jourdain, la leçon d'escrime à Nicole;

Dans le *Mariage forcé*, la consultation des deux philosophes.

«Ce comique de bas étage court les rues, dira-t-on, peut-être. Nous ne manquons pas de vaudevillistes qui puisent abondamment à cette source du fou rire...»Cette objection s'appuierait sur une erreur.En effet,le vaudeville semble se dire : l'éclat de rire est le but supérieur de ma mission. Voilà, une antithèse, un calembourg, une confusion, une excentricité, un travestissement qui sauront dérider.Vite, lançons notre antithèse,notre confusion, notre calembourg...La gaîté se donne ici une valeur intrinsèque si grande, qu'elle croit pouvoir agir seule, courir en vrai folle à tort et à travers, sans prendre garde au bon sens qu'elle outrage. Elle ne prétend pas être un écho de la raison satisfaite; elle éclate sans autre motif et sans autre but qu'un châtouillement inconsidéré du système nerveux. Aussi, ce phénomène passe-t-il sans laisser aucune trace de son passage, ni dans l'esprit, ni dans le cœur...

Chez Molière, au contraire, l'éclat de rire n'est qu'un moyen de rendre une leçon de philosophie plus pénétrante. Il ne part pas des nerfs pour s'arrêter aux muscles; il part de la raison pour arriver à la sagesse. C'est le raisonnement qui, au lieu de prendre le sentier fatigant de la dialectique, suit la route plus attrayante et plus saisissable d'un dialogue bien assaisonné de satyres... Qu'arrive-t-il? C'est qu'au lieu de cent spectateurs qui auraient compris les arguments de la logique, l'auteur en rencontre cent mille qui saisissent admirablement la logique de la gaîté...

Nos médecins, se dit Molière, prennent leur licence, je ne sais où, et n'en rapportent que de l'outrecuidance. Donnons à cette origine du diplôme médical une arête bien saillante de ridicule; faisons-le accorder à un cuidam, à un bûcheron, par sa ménagère en fureur. Les coups de bâtons de deux marauds serviront de sceau académique.

Les médecins les plus aveugles cherchent à fasciner leurs malades par une logomachie où ils ne comprennent guère plus que leurs auditeurs. Je ferai choisir par Sganarelle la langue qu'il comprendra le moins, et Géronte aussi.

Dans le *Bourgeois gentilhomme...* nos parvenus ne

reculent devant aucune tentative excentrique pour imiter les gentilshommes, au risque d'être ridicules, comme l'âne affublé de la peau du lion. Faisons rechercher par M. Jourdain les modes, les poses, les manières les plus extravagantes, décorées du titre d'usages de qualité. Faisons-lui préférer, enfin, le titre carnavalesque de Mamamouchy à la simplicité bourgeoise de ses pères..... et ainsi de presque toutes les pièces de Molière...

Rien, assurément, ne nous fera retrouver dans la nature les excentricités des Sganarelles, de M. Jourdain, de Mascarille, d'Eraste, d'Agnès, de Bélise, de Diafoirus, et de cette longue galerie comique du dix-septième siècle ; toutes ces satyres offrent quelques notes de plus que la réalité. Mais, baissez-les de quelques tons, et vous rencontrez partout la vérité philosophique à la base. Le poète n'élève ses personnages sur les tréteaux que pour les rendre plus visibles.

Les successeurs immédiats de Molière surent marcher sur ses traces. Lorsque Racine, le pompeux Racine lui-même, voulut essayer de la comédie, il n'hésita pas à faire sauter un juge maniaque par la fenêtre et à produire de très graves plaidoyers en faveur d'un chien et d'un chapon, pour rendre plus incisive la morale renfermée dans les *Plaideurs*. Regnard, l'héritier gâté de Molière, aurait continué son école avec une imitation irréprochable, si la morale n'avait jamais été sacrifiée à l'éclat de rire.

Mais ces grandes et véritables traditions furent bien vite étouffées dans les étreintes d'une dignité conventionnelle et despotique... Piron porta un rude coup à la véritable comédie par le succès tout poétique de sa

Métromanie. Destouches, Collin d'Harleville, Fabvre d'Eglantine, Marivaux et leurs nombreux émules, abandonnèrent de plus en plus la comédie rieuse pour se parquer dans le cadre étroit de ce dialogue, plein d'esprit et de fines observations, mais froid, compassé, toujours couvert de fine poudre et de dentelles comme la haute société qu'il retraçait servilement... Au lieu d'envisager le créateur de la comédie moderne, dans cet ensemble homogène dont pas une phase ne peut être séparée sans détruire ses proportions harmoniques, on coupa l'homme en deux pour mettre d'un côté le philosophe avec je ne sais quelle dose de comique de bon ton, et laisser de l'autre le farceur ambulant, jouant des facéties pour attirer le public et faire vivre sa troupe. Cet étrange jugement du XVIIIe siècle, le XIXe l'a accepté sans appel. De là, ces deux statues du monument de Molière; de là, deux classes d'imitation également incomplètes... Le vaudeville, qui sacrifie la leçon morale et l'observation philosophique à la folle gaîté, le plus souvent au burlesque; et la comédie compassée, grande dame, où le ton de bonne compagnie, la vérité de mœurs, de langage, peuvent être irréprochables, où l'art poétique n'a rien à reprendre, mais où le larmoyant de Lachaussée remplace le plus souvent ce haut goût Moliéresque qui faisait l'attrait de la foule et s'incrustait dans le souvenir des générations. C'est ce démembrement funeste de la comédie du XVIIe siècle qui nous a conduits à l'avortement de l'art dramatique, si robustement enfanté par Molière...

Les regrets que nous exprimons ici, en forme de règle générale, se reposent, mais rarement, sur de louables exceptions.La véritable comédie philosophique se réfugie parfois dans le modeste vaudeville; nous voyons des œuvres, sans prétention, développer des peintures de mœurs dans les combinaisons comiques les plus chaudes et les plus heureuses.

Mais l'auteur éprouve encore ici un autre despotisme de genre... Il est obligé d'emmancher çà et là quelques bons mots à des couplets disparates, de faire chanter son amoureux et son père noble sur des motifs bien popularisés par les orgues de barbarie..., et que cette invasion forcée dans la poésie légère ne lui donne pas la hardiesse d'essayer du dialogue en vers; car la loi inflexible des théâtres à chants mêlés lui interdit la versification dramatique, et Molière lui-même n'obtiendrait plus grâce pour ses *Fâcheux* ou son *École des femmes*... Ainsi, double tyrannie, l'auteur ne domine pas le public, il ploie au gré de ses caprices; le vaudeville lui défend d'imiter la versification de Molière, la comédie lui interdit de s'inspirer de sa verve franchement rieuse...Quel que soit donc son talent et sa persévérance, il se voit obligé de sacrifier les plus vives allures de son premier jet à des considérations et à des habitudes capricieuses.

Molière, dira-t-on, était entraîné aussi par le goût public à mêler des danses et des parades à ses pièces, sans qu'elles en soient moins restées des chefs-d'œuvre... Mais lui, du moins, pouvait employer ou ne pas employer l'intermède; il le plaçait, d'ailleurs, en dehors de l'œuvre, à la fin de la pièce ou de l'acte, de manière à laisser intacte la comédie proprement dite... Nos couplets de vaudeville, au contraire, veulent

obstinément éclater au milieu des scènes les plus sail-
lantes et s'incruster dans le vif du sujet pour ne jamais
pouvoir en être détachés.

C'est là une état de chose d'autant plus regrettable
qu'il multiplie les entraves des esprits hardis, sans donner de garanties ni à la raison ni à l'art.

Nous ne voudrions pas qu'on attribuât des prétentions
exagérées à nos regrets. L'organisation théâtrale, les lois
du goût sont incapables assurément d'enfanter des Mo-
lières; mais, si les lois humaines ne font pas les grands
hommes, elle peuvent, du moins, jeter les générations
hors des routes larges et droites qu'ils leur avaient ouver-
tes... Nos aïeux du xve siècle n'auraient pas pu ordon-
ner à Christophe Colomb d'exister; mais peu s'en fallut
qu'ils ne l'empêchassent de découvrir le Nouveau Monde.
Nous voulons laisser au xviie siècle son Molière inimitable, avec ce feu sacré que Dieu seul peut envoyer à la terre
dans un de ses plus beaux sourires de bienveillance;
mais ce que nous voudrions que la littérature dramatique
revendiquât, c'est le droit de suivre les leçons et les
exemples, c'est le droit de relever l'école.

Au génie appartient la création, à ses successeurs plus
modestes appartient l'imitation. Si l'étude ne crée point
les génies, du moins elle leur donne des disciples. Tous
les poètes, tous les artistes ont les leurs. Molière plane
seul dans notre ciel littéraire, sans satellite pour jalon-
ner sa marche. Partout on vous dira : ce peintre est
de l'école de Raphaël ou de Rubens, ce sculpteur de
l'école de Michel-Ange ou de Canova, ce composi-
teur de celle de Boïeldieu ou de Mozart. Jamais vous

n'entendrez dire : ce poète est de l'école de Molière.

Cependant, manquons-nous d'hommes de talent et d'esprit pour continuer ses traditions ? Favorisés par les exemples de deux siècles interrompus d'études, nos auteurs dramatiques ont fait faire à l'agencement scénique des progrès incontestables ; ils ont à leur disposition des théâtres, des accessoires chorégraphiques d'une irréprochable perfection. Si donc, malgré la réunion de tous ces éléments, les œuvres contemporaines sont éphémères et incomplètes, nous n'hésitons pas à l'attribuer à la loi inflexible qui nous interdit l'imitation sérieuse de Molière...
« Choisissez entre la muse rieuse et la muse sévère, dit cet arrêt brutal ; si vous adoptez la première, vous serez exilés dans ces théâtres de second ordre où, malgré l'immense talent des acteurs, le public, les habitudes et je ne sais quelle atmosphère de liberté épidémique est malsaine au culte sérieux de l'art. »

« Si vous épousez la comédie grave, vous serez sans doute un peu froids, très sentencieux, très peu applaudis ; mais vous aurez l'honneur d'être admirablement interprété sur notre premier théâtre, et décoré à votre troisième succès. »

On nous objectera peut-être que les changements opérés dans nos habitudes, la gravité compassée de nos relations sociales ne toléreraient plus le sans-façon et les licences de Molière ; notre psychologie dramatique ne voudrait plus être encadrée dans le rire bien franc de Nicole, dans les semonces des servantes et des valets... Nous ne partageons pas ces inquiétudes.

Notre disposition à châtier en riant est tout aussi pro-
fonde et tout aussi générale qu'il y a deux siècles.

Nous n'en voudrions pour preuve que le succès populaire du vaudeville et des caricatures. Et, d'ailleurs, tous
ces types ridicules de Molière ne reparaissent-ils pas
invariablement dans nos salons, dans nos cercles politiques, scientifiques, mercantiles et fashionables ; n'ont-
ils pas même démesurément agrandi leur domaine en
envahissant les basses classes qui sont venues s'adosser
aux anciennes comme un alluvion récemment mis à découvert. Les figures grimaçantes et piteuses des Géronte
et des Sganarelle, des petits marquis et des prudes, des
médecins et des artisans prétentieux ont franchi le cadre
très restreint des classes moyennes du xviie siècle pour
envahir les trente-six millions émancipés du xixe. Nous
n'avons donc qu'à jeter le filet au hasard pour prendre
des ridicules à pleines mains.

Pour appuyer ces observations avec l'autorité de
l'exemple, nous avons eu la hardiesse de traduire en ac-
tualités deux comédies du grand maître : l'*Ecole des Femmes* et le *Médecin malgré lui*.

Si Molière avait vécu de nos jours, nous sommes-nous
dit, nous doutons qu'il fût descendu dans la maison isolée
d'un tuteur, ou dans la chaumière d'un pauvre bûcheron
pour peindre les dangers de la naïveté, les jalousies de
l'amour-propre et l'outrecuidance d'un ignorant ambitieux. Il aurait plutôt appliqué la satyre des médecins
improvisés à nos ambitieux politiques qui se laissent
élever à tous les emplois pourvu qu'ils soient lucratifs...
Il aurait retourné celle des tuteurs jaloux et sermoneurs

contre nos roués parlementaires qui n'exploitent pas des pupilles, mais leurs collègues niais auxquels ils font faire la courte échelle pour monter au pouvoir.

Nous avons donc appliqué à deux sujets contemporains les pensées, les formes et jusqu'aux expressions de Molière. Heureux si nous avons réussi à prouver que ces formes, ces éclats de rire, ces satyres bien acérées sont de notre temps comme elles furent du sien ; que les ridicules ont le même principe et le même point de départ chez nous que sous Louis XIV, et qu'il serait possible et convenable de rétablir entre la comédie rieuse et la philosophie ce mariage si fécond au xviie siècle· dont le divorce au xviiie a été funeste aux destinées de l'art.

Juillet, 1850.

L'ÉCOLE

DES

REPRÉSENTANTS

COMÉDIE POLITIQUE

EN DEUX ACTES ET EN VERS, IMITÉE DE MOLIÈRE.

La Scène se passe à Paris en 1847.

PERSONNAGES.

———

M. Martineau, ancien ministre, chef d'opposition, 55 ans, mise soignée, décoré de la légion-d'honneur.

M. Cornet, député nouveau, 40 ans, mise et tournure très provinciale.

M. Sansonnet, portier, 50 ans.

Jean Duc, parent de Cornet, 40 ans, mise et tournure d'un artisan aisé.

Mme Rafiné, intrigante, 40 ans, toilette très soignée.

Un domestique en livrée.

Hommes et femmes du peuple.

L'ÉCOLE

DES

REPRÉSENTANTS.

ACTE PREMIER.

Le théâtre représente le Quai-aux-Fleurs, une maison à balcons verts à droite. L'intérieur de la loge du portier se prolonge sur le théâtre. Dans cette loge, une table de tailleur, couverte de journaux, un pot sur un fourneau économique.

SCÈNE PREMIÈRE.

MARTINEAU, seul.

Après avoir régné sur l'une et l'autre chambre,
Fait soupirer les ducs une heure à l'antichambre,
Ministre sans emploi, mais encor redouté,
Je saurai me venger en tribun exalté.
Que les flots sont changeants! que l'homme est indocile!
Bravant les envieux, je me suis mis en mille...
Du haut de mon dédain, j'ai nargué tout affront,
Frappé mes ennemis et supporté de front
Ces flots d'aménités qu'à la Chambre on se jette
Pour noircir ses rivaux des pieds jusqu'à la tête.
Rien n'a pu conjurer le sort; je suis à bas,
Et mon rival obtient la palme des combats.
Mais vaincre ou m'écraser sont choses différentes!
Eloigné du conseil, je vais dresser mes tentes
Parmi les mécontents, et lever les drapeaux
D'une opposition funeste à mes rivaux.....

Ce n'est pas que jamais je blesse, en ma colère,
Roi, princes, ni régent; on a son savoir-faire.
Qui veut remonter haut, en haut doit s'appuyer.
Mais contre le conseil on m'entendra crier,
Sans trève ni repos, jusqu'à sa dernière heure.
S'il présente un projet : « Alerte! amis, qu'il meure!
Même avant d'en avoir lu le considérant! »
Que nous font les besoins du pays! L'important,
C'est de frapper quiconque arrête ma fortune...
Ministre mon rival, n'espérez grâce aucune!
Allez planter vos choux si vous voulez dormir
En paix; car je m'acharne à vous faire périr.
C'est au budget, surtout, qu'on vous attend, beau maître!
Là, ma sévérité va se faire connaître,
En défendant, Colbert et Turgot à la main,
Du pays la fortune et du pauvre le pain.
Dilapidation! Noble champ de bataille
Où les élus du peuple...
                          (Se reprenant.)
                    on dirait que je raille.
Ministre, en demi-solde, ai-je oublié sitôt
Les éloges pompeux que je fis de l'impôt?...
Refuser aux fourneaux du nouveau ministère
Ces crédits flamboyants qui, malgré la misère
Du peuple, au cabinet procurent son dîner,
Serait, pour qui prétend bientôt le détrôner,
Une sottise assez digne des invalides !..
Renversons le passé, faisons-nous places vides;
Mais soignons l'avenir, conservons l'oreiller
D'un bon budget bien chaud, afin d'y sommeiller.
Après les grands combats... Bref, je connais mon rôle
Autant qu'homme roué de l'un à l'autre pôle...
D'abord, le premier point est d'avoir des amis,
Prôneurs, courtiers de voix, votants toujours soumis,
Se levant sur un signe et tombant en cohorte
Sur l'orateur gênant qu'on veut mettre à la porte...

Déjà de mon parti, par mon habileté,
J'ai renforcé l'ampleur, flanquant chaque côté
De cinq interrupteurs, crieurs imperturbables ;
Trois journaux m'ont offert leurs lances redoutables ;
Mais j'ai besoin encor de glaner quelques voix,
Et je suis en travail de faire de bons choix
Parmi les députés nouveaux en politique,
Fraîchement débarqués, ignorant la tactique
Des hommes, des partis; esprits encor enfants,
Dont les grands mots : *Honneur, ou nobles dévoûments*,
Séduisent le cœur pur, captent la confiance...
Dès que les sessions, de tous les bourgs de France
Rappellent les élus, aux aguets nuit et jour,
Je happe au débarqué, habile en mes détours,
Quelque jeune Caton, jeune avec barbe grise,
Mais enfant par le cœur, la candeur, la franchise
Et cette probité qui met la corde au cou.
J'arrive en patelin, tendant mon piége à loup,
Sous un appât confit de candeur chrétienne...
J'en ai déjà pris trois sur la route du Maine,
Deux en gare du Nord, six hôtel Doyenné,
Et le rail d'Orléans n'a pas encore donné !...
Alerte Martineau ! La pêche est favorable !...
Mais, mon plus beau succès, triomphe inimitable!
C'est ici, Quai-aux-Fleurs, que je l'ai remporté...
Il est là, je le tiens, mon charmant député.

(Il montre la maison aux contrevents verts.)

Le tour mériterait place dans mes tablettes.
Un jour de Bergerac je lus dans les gazettes :
« L'honorable Cornet, après avoir soupé,
» De Laffitte et Caillard demain prend le coupé;
» A Paris il sera mercredi vers une heure.»
Dans les bureaux je vais établir ma demeure;
La diligence arrive, et du coupé descend,
Un bon périgourdin, au maintien innocent,

Chapeau rond, habit noir, lequel, sans médisance,
Remontait bien au temps de la Sainte-Alliance,
Avec sa basque étroite et son large collet;
Je l'aborde : « Eh! bonjour mon cher M. Cornet!... »
— Monsieur, je ne sais pas à qui j'ai l'avantage...
Répond-il ébahi — suivant l'avis du sage,
L'attraction du bien m'attire près de vous.
— Quoi! vous me connaissez?—Nous vous connaissons tous.
La réputation la plus avantageuse
Vous précède à Paris, et la Chambre est heureuse
De vous voir sur ses bancs.—Oh ciel! se pourrait-il!
— On s'arrache déjà vos discours sur le fil,
Sur les truffes, sur l'art d'empailler la chenille
Et de faire rôtir les marrons en famille...
—Monsieur! — Nous reviendrons là-dessus... Dans Paris,
Vous n'avez pas encor d'appartements choisis?
—Non, Monsieur; — je voudrai vous rendre le service
De vous en procurer. — Ah! c'est un bon office
Dont je vous saurai gré. — Venez, dis-je... Il me suit.
Et je viens, profitant des ombres de la nuit,
Le loger en secret dans ce gîte où personne
Ne le dénichera. Je me précautionne
Contre les intrigans, mes constans ennemis.
A sa garde, un portier, homme sûr, est commis :
Douanier vigilant, veillant dans sa boutique,
Il saisit tout journal, brochure politique,
Lettre, invitation qu'un facteur indiscret
Pourrait traîtreusement apporter à Cornet.
Moi seul, l'initiant aux affaires publiques,
Je veux le façonner au gré de ma tactique
Comme un roseau pliant. Ne voyant que par moi,
De ma seule pensée il subira la loi....
Voici l'heure où je crois d'habitude il se lève:
Au réveil saisissons notre charmant élève.

SCÈNE II.

MARTINEAU, SANSONNET.

Bᴀᴘᴛɪsᴛᴇ SANSONNET, entrant de l'intérieur de la maison
dans sa loge en lisant un journal.

Que de journaux ! jamais je n'en avais tant vus !
De nouvelles, bon Dieu ! que nous sommes pourvus !
                    (Martineau frappe.)
Je sais tout ce qu'on fait de Paris jusqu'en Chine.
Ce savoir me grandit d'un grand pied, j'imagine ;
Et je dois cette taille, on en est convaincu,
Au monsieur qui par jour me remet un écu....
Mon travail est aisé, Dieu sait !.... «Mon cher Baptiste !
M'a dit le maître un jour, sois toujours à la piste
De ce monsieur Cornet, locataire au premier.
Que jamais visiteur n'arrive à son palier ;
A tout mortel, hors moi, verrouille bien la porte ;
Que les journaux, discours, écrits de toute sorte,
Ayant quelque couleur, soient retenus chez toi
Comme agens corrupteurs et de mauvais aloi.»
Je n'y fais faute ! Aussi, voyez ma devanture ;
Je vais pouvoir tenir cabinet de lecture.
Tout le quartier céans viendra faire ses cours
De politique. Or sus, achevons ce discours
De la réforme.
                    (Martineau frappe plus fort.)
                Allez, frappez ferme, messire.
Payé pour être sourd, je m'assieds et vais lire.
J'apprends ici les droits de l'homme. Le portier
Est homme pour le moins autant que le rentier,
Et je vais le prouver en dormant dans ma loge.
          (Il s'assied et repose. — Martineau frappe encore.)
Frappe, rompt-toi le bras ; je veux faire le doge
Et te laisser morfondre au seuil de mon palais.
Nous sommes tous égaux.

MARTINEAU.
                    Si j'avais mon laquais
Je ferais assommer ce rustre.

SANSONNET.
                              De ma chambre,
Dehors à mon seigneur faisons faire antichambre.
Chacun son tour; je fus jadis solliciteur,
Et j'appris à trembler et de froid et de peur.
Etudions un peu le journal pacifique.
        (Il lit.)
« Négligeant prudemment l'arène politique,
» C'est au travail surtout qu'il se faut attacher.
» Sachons incessamment dans le progrès marcher,
» Et du bon laboureur embellir la chaumière.... »
Que murmure-t-il là de labeur et de terre!....
Je suis portier, Monsieur, et non pas laboureur.
Si nous sommes égaux, mangeons donc sans sueur
Les revenus publics.... Ce journal perd la tête.
Attacher le bonheur au travail; est-il bête!
Je ne ferai plus rien pour le faire enrager.
La nuit je veux dormir, et le jour me gorger.
Frottera qui voudra; cordon, prenons vacance;
A tous, même au facteur, refusons audience.
        (Il s'assied à demi couché.... Martineau frappe avec rage.)
Frappe, frappe, on est sourd.... Mais dois-je bien parler?
N'est-ce pas un travail que de s'égosiller?
Complétons le repos par un morne silence.

MARTINEAU.
Le butor! Il me met à bout de patience.

SANSONNET, courant au pot qui boût.
Ciel, mon pot sur le feu disperse mon souper.
        (S'arrêtant.)
Que fais-je! N'est-ce pas me trop préoccuper?
Sur le droit au repos fondons notre pratique.
Quand pourrai-je, à mon tour, sonner mon domestique.

MARTINEAU.

J'enrage!... Il se pourrait que j'eusse quelque clef?
                    (Il prend un passe-partout et ouvre.)
J'entre, s'il n'est pas mort, je lui brise le chef.
        (Entrant.)
Ah! maraud! ah! fripon!

SANSONNET.

                    Monsieur! fripon vous-même.

De par l'égalité!

MARTINEAU.

            Ma colère est extrême!

SANSONNET.

Je vais furibonder pour vous égaliser.

MARTINEAU, bas.

Le fou! mais j'ai besoin d'un argus; m'apaiser,
Pour me faire obéir, devient donc le plus sage.
        (Haut.)
As-tu suivi mes lois?

SANSONNET.

                Ah! Monsieur! dans sa cage,
Jamais oiseau privé n'eut meilleur surveillant.
A personne je n'ouvre, et vous-même, à l'instant,
Venez d'en essuyer les preuves péremptoires.

MARTINEAU.

C'est vraiment trop de zèle; et si pour les mémoires,
Journaux suspects, discours, tu fus aussi prudent,
J'aurai mauvaise grâce à n'être pas content.

SANSONNET.

C'est là, Monsieur, que gît ma gloire la plus grande.
J'ai tout gardé chez moi : voyez quelle légende!....
        (Etalant les journaux.)
En retour, quel bonheur pour moi d'approfondir
Tous les secrets d'Etat qu'ils savent découvrir!....

Mon esprit a déjà saisi les droits de l'homme.
Nous sommes tous égaux, lisais-je hier, et comme
Vous avez habit noir, j'en veux porter aussi ;
Vous avez un ruban, j'en aurai, Dieu merci !

MARTINEAU.

Mon voisin a la goutte et François la gravelle,
Veux-tu les égaler aussi ? Pour la cervelle,
Lupin et Robillot sont mal lotis, dit-on ;
De folier comme eux, veux-tu prendre le ton?...
Parlons du locataire....

SANSONNET, poursuivant.

Ecoutez, excellence,
(Il frappe son front.)
Je viens de trouver là le bonheur de la France,
Du monde entier plutôt ! C'est une invention
Dont la grandeur me met en suffocation.
Ouf! Quel homme je suis ! Quand ailleurs on radote,
Mon esprit ne dort pas, ainsi qu'une marmotte,
Au fond de ce taudis. Surtout, soyez discret,
A vous seul dans Paris je livre mon secret.

MARTINEAU.

Je pourrai t'écouter plus tard... En mon absence,
Personne est-il venu regarder en silence,
Lorgner, du Quai-aux-Fleurs, notre périgourdin?...
Si la voix qui perdit Eve dans son jardin
Venait instruire au mal une âme si parfaite,
Quel malheur !

SANSONNET, poursuivant.

Je m'exalte au feu de ma conquête !...
Ecoutez; à combien s'élève le budget,
Dont je paie une part en fidèle sujet,
De ce grand Monsieur noir qui nous rend la justice ?
J'y veux comprendre aussi celui de la police.

A cent vingt millions, à ce que l'on m'a dit...
Je vais d'un trait biffer cet énorme crédit,
Et pour l'honneur de l'homme annuler ces dépenses.

MARTINEAU, s'éloignant.

Salut, cher Sansonnet...

SANSONNET, le retenant.

Gendarmes, audiences,
Juges et procureurs, prisons, bagnes, recors
Sont supprimés !...

MARTINEAU.

Vraiment! tu supprimes alors
Contrats, actes, procès de vol ou d'adultère ?

SANSONNET.

De tous ces abus-là, je veux purger la terre...

MARTINEAU.

Certes, l'invention méritera brevet.

SANSONNET,

Est-ce que vous riez ?

(A part).

Je crois que son bonnet
Recouvre un crâne vide et non une cervelle.

(Haut.)

Suivez mes arguments. Qu'est-ce qu'une querelle
Par devant tribunal ?... C'est le fait de crier,
Gesticuler, hurler sur un champ ou gravier,
Dont Jean-Pierre ou Suzon, s'appuyant sur enquête,
Veulent priver Joseph... Suivez bien ma requête...
Or, empêcher Joseph, Jeannot, Pierre ou Suzon
De posséder un brin de champ ou de maison,
De paille ou de cheval... Comprenez bien de grâce!
Renverser toute borne, et ne pas laisser trace
De vente, de contrat et de propriété,
N'est-ce pas à jamais bien loin avoir jeté

Tout motif entre humains d'exploit et de chicane?...

MARTINAU, à part.

Le sophisme est gentil!... Je voulais de ma canne
Essayer la bonté sur le dos du rhéteur.
La curiosité me porte à la douceur...

SANSONNET.

Par le même moyen, j'extirpe à la racine
Toute cause de dol, de vol et de rapine.
Comment voler quelqu'un, quand nul n'aura plus rien...
Pour l'adultère *sic.* Vous me comprenez bien.
Dans le code civil biffons le mariage;
Plus d'époux, plus d'ennui, plus de guerre en ménage;
Pas d'accidents pointus antés sur plus d'un front...
D'un enfant incertain on redoute l'affront,
Je biffe les enfants de la carte civile,
Et n'ai que des petits.

MARTINEAU.

Vous êtes fort habile!
Après ce beau travail vous allez être en eau!

SANSONNET, piqué.

Monsieur, devant mon plan n'ôte pas son chapeau!
Je m'étais bien trompé sur votre intelligence.
Vous devriez rougir de rire en ma présence...
Ne comptez plus sur moi!

MARTINEAU, lui donnant un écu en souriant.

Tout espoir est perdu!...
J'oubliais de payer le service rendu...

SANSONNET, s'inclinant par habitude en prenant l'argent.

Tout à vous, cher monsieur!

(A part.)

Contre son insolence,
Redressons ma fierté.

(Il se radoucit.)
Cependant, mon aisance,
Grâce à lui, chaque jour grossit honnêtement.
Il doit avoir raison, il est cousu d'argent!...

MARTINEAU.

Je vais rendre visite à notre locataire;
Mais je crois qu'il descend.

(Prenant les journaux.)
                    Au fond du secrétaire,
Vite, cache cela; que jamais à l'écart
Un journal dangereux ne souille son regard.

SCÈNE III.

MARTINEAU, SANSONNET, M. CORNET.

M. CORNET, chapeau rond à larges bords, redingote mal coupée.
Il entre dans la loge d'un air ennuyé.

Vous voilà donc, enfin, mon cher monsieur Martau?

MARTINEAU.

Vous abrégez mon nom? C'est monsieur Martineau
Qu'il me faut appeler... Que ma joie est extrême
De vous voir bien portant! Sur vous, l'honneur suprême
Du mandat électif brille d'un vif éclat...

CORNET, bâillant.

C'est, sans doute, l'ennui qui met dans cet état?
Dieu! Quel isolement! Pas la moindre visite!...
Moi, Cornet, député, qui voyais à ma suite
Marcher dans Bergerac bourgeois, banquiers, rentiers,
Magistrats, percepteurs, gendarmes, minotiers,
Tous, chapeau bas, le front baissé vers la poussière,
M'implorant par devant, me glissant par derrière
Dans les poches placets, grâces, pétitions,
Pour demander tabacs, postes, perceptions,

Surnumérariat, avancement, retraite.
Maintenant, dans Paris, je reste en ma cachette,
Comme un rat dans son trou. Ah! Quel quartier maudit!

MARTINEAU.

Ce quartier vous déplaît? Y manque-t-il du bruit?

CORNET, sortant de la loge et allant sur le quai.

Bruits de chevaux, non pas, de fourgon, de charrette,
De postillons jurant à vous fendre la tête...
On dirait, jour et nuit, de vastes hauts fourneaux,
Tant le pavé gémit sous le fer des chevaux.

MARTINEAU.

Vous vous ferez bientôt à cette foule immense.

CORNET.

Oui, si c'était la foule étalant l'élégance,
En équipage d'or, au boulevard de Gand,
Près l'autel Capucine.

MARTINEAU, à part.

Ah! le péril est grand!
(Haut.)
Comment connaissez-vous cet hôtel méprisable
Où tant d'honnêtes gens, fascinés par le diable,
Dans la corruption voient sombrer leur candeur?...
Au nom de la vertu, conservez votre cœur.
Tranquille sur ce quai, sachez fuir l'imposture.

CORNET, surpris.

Quoi! vous vous figurez...

MARTINEAU.

C'est une chose sûre,
Au coin du boulevard que vous me désignez,
Des naufrages moraux sont souvent consignés.
Quelle douleur pour moi, dans Paris, votre guide,
Si je vous voyais prendre aux filets d'un perfide!...

CORNET, plus surpris.

Vous supposez les gens capables de trahir !
Sur ce quai, cependant, je m'ennuie à périr !
Et l'on m'avait parlé du quartier de Lorette...

MARTINEAU, avec effroi.

De Lorette ! Ah ! monsieur, une personne honnête
Peut-elle, sans rougir, prononcer ce mot-là ?

CORNET.

Qu'a-t-il donc de vilain ?...

MARTINEAU, à part.

Quel innocent !

(Haut.)

Et, là ;

On est embarrassé !.... Mais quel chagrin extrême
Pour madame Cornet ! Je la vois elle-même
Venir vous arracher à cet air empesté....

CORNET.

L'air y serait mauvais !.... Je tiens à ma santé
Et n'irai point alors,

MARTINEAU.

Vous me rendez la vie.

CORNET.

Mais toujours sur ce quai faut-il que je m'ennuie ?

MARTINEAU.

Bergerac offre-t-il plus de distractions ?
D'ici vous contemplez Notre-Dame, six ponts,
Des arbres, des bateaux sur un fleuve qui grogne
Comme dirait Hugo....

CORNET.

J'aime mieux la Dordogne
Arrosant mon jardin !

MARTINEAU.

Et puis sous vos balcons,
Joueurs de gobelets, râcleurs de violons,
Orgues et chiens savans, savoyards et marmottes,
Des singes grimaciers disant des patenôtres...
On peut de tous côtés promener, Dieu merci !
L'omnibus pour six sous vous conduit à Berci ;
Même facilité pour vous rendre à la chambre.
Les bords de l'eau sont bien un peu frais en décembre,
Assez chauds en été ; mais tournez autre part :
De St-Jacques la rue attire vos regards ;
Parcourez lentement cette artère historique,
Majestueusement, par un détour oblique,
Devant le Panthéon elle vous conduira.
Panthéon, mot sacré qui vous inspirera....
Ces sentimens.... Suivez mon avis salutaire.
Qui veut garder l'honneur doit savoir le soustraire
Au poison corrupteur de la société....
Pendant quinze ou vingt jours, ayez donc la bonté
De supporter l'ennui.

(A part.)
                    Le temps de compromettre
Son vote, ses discours, afin de le soumettre
Au joug du grand parti que je veux façonner.
        (Haut.)
En attendant, chez moi venez toujours dîner
Chaque jeudi ; Zulma fera de la musique,
Rose veut vous chausser en pantoufle, et se pique
De vous émerveiller.

CORNET.

Vraiment ! je suis fâché
Qu'on prenne tant de soin !...

MARTINEAU.

C'est moi qui suis touché

De ce grand dévoûment, de cette patience...

CORNET.

Si votre chère enfant voulait en récompense
Dans le tabac, la poste ou le timbre un comptoir,
J'irais solliciter pour le lui faire avoir.

MARTINEAU.

Ah ! Monsieur !

CORNET.

Il faut bien lui payer ma pantoufle !...
Si, déployant encor sa voile au vent qui souffle,
Elle trouvait meilleur d'épouser un préfet :
J'en ferai la demande au chef du cabinet ?
Entre amis on se doit entr'aider...

MARTINEAU, à part.

Le maroufle !

(Haut.)
Monsieur Cornet !...

CORNET.

Il faut bien payer ma pantoufle ;
J'aime les comptes ronds.....j'ai certain gros neveu,
Que dans les hauts emplois je veux pousser un peu !
Si Rose préférait...

MARTINEAU, à part.

Ah! je perds contenance !
De s'unir au ministre aurait-il l'insolence !
Lorsque tous mes efforts tendent à le lancer
Contre le cabinet que je veux renverser !...

CORNET.

Eh bien ! qu'en pensez-vous ?

MARTINEAU.

C'est être trop honnête.

CORNET.

De ma pantoufle il faut que j'acquitte la dette...

2

MARTINEAU, lui serrant la main.

Mon bien-aimé collègue, à plus tard votre acquit !
Grâce au scrutin, on peut sans dépense et sans bruit,
A plus de cent pour cent rembourser ces créances.
Mais il faut vous quitter; j'ai d'autres connaissances
Que je dois, comme vous, visiter... Au revoir;
Vous lirez mon discours dans mon journal, ce soir.

CORNET.

Est-il plus amusant que celui de la guerre?
Que de chiffres, bon Dieu! pour ravager la terre,
Tuer des Bédouins, mutiler des soldats!....
J'avais eu le projet, soulageant les Etats
Du gros budget de mars, de frapper d'une amende
Tous ces tueurs de gens!... Est-il, je vous le demande,
Sage d'entretenir des fous pour s'égorger?

MARTINEAU.

Mais, monsieur !...

CORNET.

Point de mais! je prétends les charger
D'impôts.

MARTINEAU.

Et l'ennemi,

CORNET.

Je le mets aux galères.

MARTINEAU, à part, souriant avec satisfaction.

C'est l'homme qu'il me faut pour soigner mes affaires !
Comme un aveugle-sourd je le ferai voter.
(Haut.)
Adieu, Monsieur Cornet!...

CORNET.

Salut, je vais compter
Mes bas et mes chaussons, empailler une abeille,
Placer ma confiture au fond d'une corbeille;

J'ai là de quoi tuer l'ennui jusqu'à demain.

MARTINEAU, à part, pendant que Cornet rentre.

Pour un représentant, ce travail est fort sain,
Eminemment utile aux affaires publiques;
Mais on vit des oisons sauver des Républiques !...

SCÈNE IV.

M. MARTINEAU, Mme RAFINÉ, entrant par la gauche.

MARTINEAU, la regardant.

Sur ce triste pavé, quel luxe flamboyant !...
Toilette de bon goût, lorgnette, pied charmant !...
Si je n'étais ici, Quai-aux-Fleurs, sur mon âme,
De mon collègue Henri je croirais voir la femme!

Mme RAFINÉ, le reconnaissant.

C'est monsieur Martineau !

M. MARTINEAU.

Madame Rafiné !
Que diable cherchez-vous dans ce quartier damné?

Mme RAFINÉ.

Pourquoi ne vous ferait-on pas cette demande !

MARTINEAU.

Oh ! moi, c'est différent ! l'intérêt nous commande,
Et l'homme...

Mme RAFINÉ.

Veut garder toute facilité
D'aller et de venir, de faire en liberté
Tout ce qu'il interdit au sexe par caprice.

MARTINEAU.

Un odieux mari vous tient-il au supplice;

Despote comme un turc?... Voyons, ce dernier jour,
Comment fut le souper à quatre chez Véfour?
A la course au clocher, hier, fûtes-vous heureuse?
Est-on bien aux Français dans l'étroite baigneuse,
Au grillage discret, qui vous dérobe aux yeux?
Chez votre marquis grec, tient-on toujours gros jeu?
Dans votre appartement, n'êtes-vous point maîtresse?
Le mari sans frapper a-t-il la hardiesse
De pénétrer chez vous? Assommez-vous toujours,
Banquière au lansquenet, le rédacteur Latours?
La politique, enfin, se montre-t-elle ingrate?
Vous avez le bureau des beaux-arts sous la patte,
Avec de bons coupons de loge à l'Opéra,
Aux Bouffes, aux Français, à Favart... On verra
Les poètes bientôt soupirer sur vos traces.

Mme RAFINÉ.

Raillez-vous, Martineau! Je perds les bonnes grâces
Du chef du cabinet.

MARTINEAU.

> Bah!...

Mme RAFINÉ.

> > Mais dans mon dépit,
Par l'intrigue je veux relever mon crédit.

MARTINEAU.

Quoi! vous êtez brouillée avec le ministère?

Mme RAFINÉ.

Contre lui rien jamais n'égala ma colère!

MARTINEAU.

Qu'entends-je! Cependant le chef du cabinet
Honore votre époux d'un courroux vif et net,
Et vous n'adorez point ce que hait votre maître?

Mme RAFINÉ.

Je les hais tous les deux...

MARTINEAU.

> > Du jour qui vient de naître.

L'aurore sur sa route a-t-elle, ce matin,
A la place de fleurs dispersé du venin?

Mme RAFINÉ.

Hier, le ministre au wist était mon partenaire;
La belle de St-Puy jouait avec Lassaire.
Je fais, invite à cœur; il prend, et le maraud
Fait pique... St-Puy prend, et rejette carreau.
Le ministre relève...

MARTINEAU.
Et rentre en cœur, je pense?

Mme RAFINÉ.

Et non vraiment, il a... le nigaud!... l'imprudence
De rentrer, par carreau, dans le jeu de St-Puy.
Le sot! on aurait dit qu'elle était avec lui.
Oui, j'ai le désespoir, avec huit cœurs, roi, dame,
Cinq atous, par valet, de voir gagner Madame!...
Et par l'atroce schlem, le robre est enlevé.

MARTINEAU.
Ciel! d'indignation mon cœur est soulevé!...

Mme RAFINÉ.

Je saurai me venger, en combattant sans trève,
D'un ministère altier, la morgue qui s'élève,
Car cette trahison, mon cher, se préparait
Depuis plus de deux mois... D'abord, il se flattait
De gagner mon amour; mais voyant que mon âme
Par un éclat de rire avait reçu sa flamme,
Il me boudait, le traître! Et l'on m'avait appris
Qu'il me donnait trente ans, disait mes cheveux gris;
Qu'au bal de Petit-Bourg il me trouvait mal mise,
Et voyait ma vertu, disait-il, compromise.

MARTINEAU.

Quelles indignités!

Mme RAFINÉ.

D'un ratelier Fattet
Il me faisait la grâce, ainsi que d'un toupet.

MARTINEAU.

Quelle noirceur !...

Mme RAFINÉ.

Eût-il en ses mains le tonnerre,
A cette calomnie on répond par la guerre !

MARTINEAU.

Sans doute...

(A part.)

Sa fureur ranime mon espoir !
Une femme d'intrigue, et qui ne peut avoir
Encore quarante ans, est assez redoutable.
Pour l'enrôler chez moi, redevenons aimable...

Mme RAFINÉ.

Je suis en train déjà de former un complot.
Six députés du Nord seront à moi bientôt,
Sur trois autres je compte avant qu'il soit dimanche;
Et puis, aux fonds secrets, je prendrai ma revanche.

MARTINEAU, à part.

Aux fonds secrets! Le coup porterait dans le vif.

(A part.)

Pour mon triomphe! oh ciel, quel succès décisif!...
Au schlem du dernier wisht pour donner la réplique
Elle est femme à pousser jusqu'à la république.

(Haut.)

Ah! que je compatis à votre déplaisir,
Et de vous seconder que j'aurais le désir.

Mme RAFINÉ.

Pour me venger?

MARTINEAU.

Sans doute, acceptez mes services.

Mme RAFINÉ.

J'accepte de grand cœur! Mais tous les sacrifices

Ne sont pas imposés par un ministre altier !
Je suis mise en fureur par mon juif de banquier.
J'allais lui demander six mille cinq cents livres;
Il me répond : « Je vais vérifier mes livres,
Revenez dans trois jours.' » Croit-il que j'ai le temps
De flâner sans le sou portant ma tête aux vents ?

MARTINEAU.

Le temps est précieux s'il s'agit de vengeance.
Mais je suis tout à vous, et là-dedans je pense
    (Tirant son portefeuille.)
Avoir six mille francs. Veuillez les accepter.

Mme RAFINÉ.

Qu'il est doux de pouvoir sur ses amis compter !

MARTINEAU.

Je serais enchanté de vous être agréable.

Mme RAFINÉ, prenant les billets.

Dans mes mains cet argent deviendra formidable.
A Martin pour mardi j'ai promis douze voix.

MARTINEAU, étonné.

A Martin.... serait-il l'homme de votre choix ?

Mme RAFINÉ.

Oui, vraiment.

MARTINEAU.

    Juste ciel ! Un chef d'extrême-gauche.

Mme RAFINÉ.

Pour frapper de grands coups, me supposez-vous gauche ?

MARTINEAU.

Mercredi rompre avec des ministres usés,
Et vendredi passer parmi les exaltés !
C'est un peu rudement traiter les convenances !

Mme RAFINÉ.

A grave insulte il faut d'énergiques vengeances.

MARTINEAU.

Vous tenez pour Martin...

(A part.)

Mon sang en est glacé
Et voilà mon argent fort sottement placé.
Si je le retirais...

(Haut.)

Il me vient en mémoire
Que je dois aujourd'hui payer certain grimoire
D'avoué fort exact ; et mes six mille francs....

Mme RAFINÉ.

Je donne une soirée à nos chers mécontents.
Sur l'ambigu Martin fonde quelque espérance
Pour les faire marcher avec obéissance
Et leur inoculer le mécontement.
De toster avec nous si vous étiez content ?

MARTINEAU.

Qui, moi......

Mme RAFINÉ, montrant les billets.

Si dans nos rangs votre personne manque,
Vous y serez du moins par vos billets de banque.
Quel plaisir ils me font ! Ah ! Monsieur, grand merci !

MARTINEAU.

Oui, mais mon avoué.... pour m'ôter de souci,
Je voudrais vous prier....

Mme RAFINÉ, sans l'écouter.

Je poursuis une affaire
D'enrôlement ; zélé courtier parlementaire,
Je me tiens à l'affût des députés nouveaux,
Je tends les trébuchets, et place les appeaux.
Or, sur ce Quai-aux-Fleurs

MARTINEAU, à part.

Est-une confidence !

Mme RAFINÉ.

En ses amis on peut bien avoir confiance....

Ici près j'ai surpris un nouvel arrivant,
Qui débute à Paris comme représentant,
Et sur lui je prétends arborer ma bannière.

MARTINEAU, à part.

Un débutant.... ici.... la chose est singulière !
(Haut.)
Et sa demeure?

Mme RAFINÉ.

Est là, numéro trente-trois,
J'attaque hardiment, et le crois aux abois.

MARTINEAU, inquiet.

Est-ce bien numéro ?

Mme RAFINÉ.

Trente-trois, chose sûre.
Au balcon vert enfin....
(Elle montre la maison.)

MARTINEAU, à part.

Oh, mortelle blessure!
Je m'affaisse sous moi ! qui donc m'a pu trahir ?

Mme RAFINÉ.

Le plus grand des hasards me l'a fait découvrir.
Un de ces soirs, j'errais à cette même place,
Quand je vis déboucher du fond de cette impasse
Un auvergnat portant valise et sac de nuit;
Deux messieurs le suivaient, l'un d'eux frappa sans bruit
A cette grande porte; il faisait déjà sombre,
Mais, grâce au bec de gaz, je pus lire dans l'ombre,
Sur une malle en cuir : « Monsieur Jacques Cornet,
Elu de Bergerac. » Bon! me dis-je, en secret;
Voici qui me promet victoire assez facile,

MARTINEAU, à part.

Et moi qui conduisais mon député docile,
La nuit, dans ce logis, pour le soustraire aux yeux;
Voilà que sur mes pas un diable insidieux

En jupe était poussé....

Mme RAFINÉ.

Mais le bon de l'histoire,
On me l'a donné, hier, comme chose notoire,
C'est qu'en ce vieux quartier, il était enfoui
Par un fourbe intrigant qui le gardait pour lui.
Mais Cornet s'y déplaît, et moi, très charitable,
J'ai promis de briser sa chaîne détestable.
La chose est peu facile, et notre prisonnier
Est jour et nuit gardé par un maudit portier,
Cerbère vigilant, sans cœur, incorruptible !

MARTINEAU, à part.

On sait choisir ses gens...
(Haut.)
Il est donc insensible?

Mme RAFINÉ.

C'était l'opinion du butor, du jaloux;
Mais nous connaissons l'art de graisser les verrous.

MARTINEAU.

Vous croyez?

Mme RAFINÉ.

Avant-hier, j'ai tâté les serrures,
Et pour les bien ouvrir pris toutes mes mesures.
Et puis, j'ai pénétré...

MARTINEAU, avec incrédulité.

Pénétré, sur ma foi !
Dans la loge au portier?

Mme RAFINÉ.

Plus avant, croyez-moi.
Au balcon surprenant mon Cornet, dans son âme,
D'un regard caressant j'ai dirigé la flamme
En trois coups de lorgnon.... On l'enfermait là-haut;
Au donjon du captif, zest, j'ai donné l'assaut.

MARTINEAU, effrayé.

Donné l'assaut!

Mme RAFINÉ.

Sans doute.

MARTINEAU.

Et le portier, je pense,
A repoussé drument cette étrange licence?...

Mme RAFINÉ.

D'abord, il m'a reçue avec mauvaise humeur;
Mais on sait d'un valet mériter la faveur !
Le Français est galant, et respecter la femme
Est un devoir pour lui.

MARTINEAU, inquiet.

Quoi! cet homme, madame?

Mme RAFINÉ.

Vous êtes agité... cela vous déplaît-il?...
Aurait-il donc mieux fait d'employer son babil,
Car il est fort bavard, à me mettre à la porte?

MARTINEAU.

Non, mais... continuez...

Mme RAFINÉ.

Je voudrais faire en sorte
De vous communiquer ma franche hilarité,
Il fallait voir les soins et la civilité.....

(S'arrêtant pour rire.)

MARTINEAU, à part.

Que je suis malheureux d'avoir eu pour patrie
Le sol tant célèbre de la galanterie!

Mme RAFINÉ.

La satisfaction de monsieur Sansonnet,
Lorsque, montrant le seuil du député Cornet,

Il m'a dit, en portant la main à sa poitrine :
« Tout à vous de grand cœur, madame! »

MARTINEAU, à part.

J'imagine
Qu'elle est diable ou sorcier! Séduire un radical
Qui faisait le Brutus naguère en piédestal.

Mme RAFINÉ.

Bref, de monsieur Cornet j'obtins longue audience;
Et tout ce que vertu peut joindre à l'innocence
Je le trouvai chez lui.

MARTINEAU, à part.

Quel contre-temps maudit!

Mme RAFINÉ.

Quoi! vous ne riez pas?

MARTINEAU, à part.

J'enrage de dépit.

Mme RAFINÉ.

Figurez-vous un peu la fureur de la dupe,
Qui le tient en enfant serré contre sa jupe,
Quand, au lieu de compter Cornet dans son butin,
Il le verra voter au signal de Martin.

MARTINEAU.

Voter! croyez-vous donc?...

Mme RAFINÉ.

Mes progrès sont rapides...

MARTINEAU, à part.

Pussent-ils te coûter chacun cinq ou six rides!...

Mme RAFINÉ.

Je vous raconterai les détails tout au long,
Si vous voulez venir demain dans mon salon;

Mais je suis trop pressée en cette circonstance.
                    (Montrant les billets de banque qu'il lui a remis.)
Je cours faire servir les dons de l'obligeance
A donner un banquet avec concert et bal,
Pour former à Martin le pavoi triomphal
D'un parti bien fourni, comme à l'antique Rome
Les cliens de Scylla ; je veux comme un seul homme,
Le jour des fonds secrets, à l'assaut du scrutin,
Faire monter d'un bond tout le parti Martin.
Je vous procurerais des billets de tribune
Si vous n'étiez, pour voir grandir notre fortune,
Assis aux premiers bancs.
                                        (Elle s'éloigne.)

SCÈNE V.

MARTINEAU, seul.

                    Ouf ! je vais expirer !
Si je ne prenais l'air, on pourrait m'enterrer !..
        (Vers la loge.)
Malheur à toi, portier, si sa voix mielleuse...
Mais elle aura menti ! la femme est si trompeuse !
Je ne puis y tenir !... Eclaircissons le fait...
Non..., promenons encor...; s'emporter est trop laid...
Pour un représentant..., je sens à ma colère
Que je le briserais, le maraud, comme verre.

SCÈNE VI.

MARTINEAU, SANSONNET.

MARTINEAU, entrant dans la loge.

Holà ! combien d'écus m'as-tu volé, coquin ?...
Et combien à ton dos dois-je de mon gourdin

Rembourser d'arriéré?...

SANSONNET.

Je ne suis pas changiste
De pareille monnaie, et Sansonnet Baptiste
(Montrant d'abord sa main, puis son dos.)
Reçoit là, mais non là... quel chien vous a mordu?
Avec votre bâton vous m'avez morfondu...

MARTINEAU.

Scélérat! je t'avais payé pour que ta porte
Restât close toujours, faisant de telle sorte,
Qu'à tout Paris ce cher Cornet restât caché,
Et j'apprends à l'instant...

SANSONNET.

Vous paraissez fâché?

MARTINEAU.

On dit... mais tu n'as pas la noirceur du parjure...
Qu'ici s'est introduit... c'est commettre une injure
Contre la bonne foi... l'on dit qu'un inconnu
Par toi, jusqu'à monsieur Cornet est parvenu.

SANSONNET.

Un homme! ah! monseigneur, je jure sur mon âme!

MARTINEAU.

Non, pas un homme... non... ce serait une femme!

SANSONNET.

Une femme! le cas change.

MARTINEAU.

Se pourrait-il
Que quelque Dalila t'eût pris à son babil?

SANSONNET.

Distinguons, s'il vous plaît!... Vous me fîtes promettre,
A tout individu, fût-il soldat ou prêtre,

De fermer le logis... pas ne fut question
De dame en cachemire.

MARTINEAU.

Ah! la distinction,
Pour la délicatesse est assez singulière!
Crois-tu, par ce détour, apaiser ma colère?...
Rends-moi mon or, coquin! et tu seras bientôt
Au parquet dénoncé, jeté dans un cachot...
Tromper un ex-ministre en ses ruses de guerre!
Ce crime ne se peut expier sur la terre,
Et j'espère en l'enfer pour te punir.

SANSONNET.

Monsieur,
Je ne vous croyais pas un assez mauvais cœur
Pour vouloir me forcer à rudoyer les dames.
Un homme, on le conçoit; mais celles... qu'en nos âmes...
Nous portons... caressés par les zéphirs... légers...
Ainsi qu'au vent... du soir... les boutons d'églantiers...
De gros René je veux expier l'insolence,
En jurant au beau sexe entière obéissance...

MARTINEAU, à part.

Et c'était en ce fou que j'avais tout espoir!

SANSONNET.

Je lisais justement au feuilleton du soir,
De monsieur Legouvé la plus superbe page
Sur la galanterie, dont il prônait l'usage,
Et je connais trop bien l'art d'aimer de Bernard
Pour ne pas obéir au féminin regard.

MARTINEAU.

Tout est perdu, la France à mort est condamnée :
La politique épouse une femme damnée,
Et la philosophie entre chez les portiers.
Ne pouvant tirer rien d'un sot à trois quartiers,

Sur le provincial fondons notre espérance :
Peut-être pourrons-nous, grâce à son innocence,
Le préservant du loup, le garder au bercail.

FIN DU PREMIER ACTE.

ACTE SECOND.

Le théâtre représente l'appartement très modeste de M. Cornet; des habits suspendus à des porte-manteaux paraissent dans un des cabinets entr'ouverts.

———

SCÈNE PREMIÈRE.

MARTINEAU, CORNET, tous les deux assis.

MARTINEAU, tenant son chapeau et sa canne à la main comme s'il venait d'entrer.

(A part.)

Oh ! que se contenir est un rude travail !...

(Haut.)

Le monde, cher Monsieur, est une étrange chose :
Voyez la médisance et comme chacun cause;
On m'a dit qu'avant-hier, certain individu
De tournure suspecte, à l'intrigue vendu,
Par fraude était entré dans cette chambre même.
Ce mensonge m'a mis dans une peine extrême,
Et j'ai voulu jurer que c'était fausseté...

CORNET.

Ne jurez pas, Monsieur, car c'est la vérité !...

MARTINEAU.

La vérité, grand Dieu!... Mes conseils de prudence
Sont-ils traités ainsi ?... Je vous avais, je pense,
Contre les intrigans assez bien prévenu.

CORNET.

Les intrigants ! Aussi, n'en est-il point venu;

Je n'ai reçu chez moi qu'une très noble dame.

MARTINEAU, à part.

Et lui-même, morbleu! le voilà pour la femme
Agissant en lion!... Le monde est à l'envers;
Quel est donc le démon qui conduit l'univers,
Et m'a fait, en sa haine, obtenir pour patrie
Le sol tant renommé de la galanterie!...
Encor s'il.m'eût rendu patient comme Job,
Mais non, c'est la fureur qu'il m'envoie au galop.
      (Haut.)
Une dame, Monsieur, c'est bien moins excusable!
Des robes, des fichus!... Il n'est pas pour le diable
De meilleure livrée.

CORNET.

Ah bah!

MARTINEAU.

                    Je vous le dis
Lorsque vous arriviez, cet infâme Paris,
Vrai Sodome d'enfer, aux gens de la province,
De cent mille façons tend ses piéges à pince.
Tantôt sous les dehors de placements féconds,
Un banquier sur un rail disperse tous vos fonds;
Tel autre, promettant honneur et bénéfice,
D'un journal sans lecteur vous pend au frontispice.
L'homme de tous côtés pourchasse vos écus;
La femme, plus démon, en veut à vos vertus.
Contre ces attentats, défendez-vous, de grâce.

CORNET.

On me parlait aussi de gens de haute classe,
Qui dans leur intérêt flattent les députés,
Sont pour eux prévenants, pleins de civilités;
En connaissez-vous?...

MARTINEAU.

Non... Aurez-vous l'obligeance
De me dire comment elle fit connaissance
Avec vous?

CORNET.

Je bâillais à ma fenêtre un soir,
Lorsque je vis passer le long du grand trottoir
Une femme bien mise et de tournure honnête;
Elle me voit aussi, se retourne, s'arrête,
Comme disant à part: « Ce Monsieur est fort bien,
Il est du Périgord, s'il n'est parisien, »
Et prenant son binocle, elle me considère.
Je ne pouvais douter que j'avais su lui plaire;
Aussi, pour mieux répondre à son regard mignon,
(Prenant ses lunettes en forme de jumelles.)
Sur elle je braquai ma lunette en lorgnon;
Elle fait quelques pas et puis revient encore,
S'assied, et derechef de son lorgnon m'honore;
La prévenance était digne de bon accueil;
Je l'en remerciai d'un gracieux coup d'œil;
Son salut y répond. — Aussitôt, je m'incline;
Mais la pudeur l'éloigne et son manchon d'hermine
Disparaît à mes yeux... Vrai, je la regrettais,
Et j'étais à penser si gauchement j'aurais
Envers elle commis certaine inconvenance,
Quand elle se retourne et me fait révérence;
Je fus tout satisfait... et j'allais m'incliner :
A la porte aussitôt je l'entendis sonner.
Que le cœur me battit! il est si doux à l'âme
De voir à notre aimant obéir une femme!...
Elle monte, et je cours l'attendre à l'escalier;
Son cœur était ému! j'étais comme un brasier!
Elle me dit: « Monsieur sera surpris, sans doute,
» De me voir présenter chez lui! mais qu'il m'écoute;
» La grandeur du mandat dont il est revêtu,
» En protégeant sa gloire, assure ma vertu;

» Et depuis qu'à Paris on convoque une chambre,
» Jamais duchesse au musc, ou vicomtesse à l'ambre,
» N'eut scrupule d'entrer chez les représentants...
» Nous devons tant d'égards à ces hommes puissants!
» Je voudrais vous prier de me rendre un service... »
Vous croyez qu'elle allait à quelque sacrifice
M'assujétir ?.. Erreur! C'était pour m'engager
Au repas qu'elle doit, mercredi, ménager
A quinze de mes pairs !...

MARTINEAU.

Mais vous avez, je pense...

CORNET.

Accepté de grand cœur, et de son obligeance
Rendu grâce et merci... Que j'aime un bon dîner!
Les truffes, surtout, vont chez elle foisonner !
Cet espoir succulent me rend à l'existence!...

MARTINEAU, à part.

C'en est fait... s'il y court, il perd son innocence.
Moi, je perds un client, un homme de mon choix,
Qui passe aux ennemis et leur porte sa voix !
        (Haut.)
Du monde de Paris, Monsieur, votre ignorance
Explique votre faute en cette circonstance.

CORNET.

Ai-je failli, Monsieur, en voulant bien dîner?

MARTINEAU.

Failli! bien plus, hélas, qu'on ne peut soupçonner !
Ces invitations que portent chez des hommes
De belles dames sont, dans le siècle où nous sommes,
Des empoisonnements fréquents et odieux.

CORNET, de plus en plus surpris.

Des empoisonnements !...

MARTINEAU.

Des plus insidieux !...

Voyez à quels dangers la bonté vous expose!...

CORNET.

Vous me faites frayeur! Ah! quelle étrange chose...
Du poison à diner!

MARTINEAU.

On ne voit que cela;
Poison d'honneur, de foi, de vertu.

CORNET.

Pour ceux-là,
Passe encor; ils sont lents, et l'on peut s'en défendre,
Car, jamais ils n'envoient Atropos nous surprendre
Au milieu du dessert.

MARTINEAU, à part.

Quel gourmand! On dirait
De Brillat-Savarin un élève parfait.
(Haut.)
N'est-ce donc pas assez d'empoisonner son âme?
Et, pour manger le rôt d'une femelle infâme,
Voudrez-vous du Seigneur allumer le courroux?...

CORNET.

Pourquoi d'un bon dîner Dieu serait-il jaloux?...
Une dinde truffée est chose si parfaite!...

MARTINEAU.

La conscience, en vous, Monsieur, est trop bien faite.
Satan, qui dans ses rets prétend nous enlacer,
Met du miel à ses fruits pour les mieux amorcer...

CORNET.

Ainsi, vous croyez donc?..

MARTINEAU.

Fort chanceux, je vous jure,
D'accepter ce repas.

CORNET.

Mieux vaudrait la *garbure* (1)
Au coin du feu !...

MARTINEAU.

Bien sûr ?

CORNET.

Une dinde, pourtant,
Est, truffée avec art, un mets bien succulent...
Et je vous avouerai, séduit par le Madère...

MARTINEAU.

Que vous avez promis d'aller choquer le verre ?...

CORNET.

J'ai promis plus encor...

MARTINEAU.

Encor plus! Et quoi donc?

CORNET.

Vous allez vous fâcher et m'appeler gascon?

MARTINEAU.

Monsieur, quelle pensée!
(A part.)
Ah! je suis au supplice;
On aura pour les fonds secrets, par artifice,
Surpris sa voix, et puis on le fera voter.

CORNET.

J'ai promis... Contre moi je vous vois emporter...

(1) Une espèce de soupe aux choux.

MARTINEAU , bas.

J'enrage!...

(Haut.)

Non, Monsieur.

CORNET.

Vous n'allez pas me dire
Que je ne sais en rien à Paris me conduire?

MARTINEAU.

Je ne le dirai point.

CORNET.

J'ai promis pour le jour
Des fonds secrets!...

MARTINEAU, à part.

Hélas! Martineau, c'est ton tour
De tomber sous les coups d'une odieuse trame.

(Haut.)

Vous avez donc promis...

CORNET.

Mais, contre cette dame
Vous m'avez tant parlé, que je n'ose, vraiment,
Dire ce que j'ai dû lui promettre un instant.

MARTINEAU, bas, à part.

Vieille rusée! avec ses dindes et ses mines,
Elle est femme à jeter tous mes fonds en ruines.
De cette incertitude, enfin, je veux sortir...

(Haut.)

Monsieur Cornet, à quoi vous fait-on consentir?

CORNET.

Vous ne gronderez point?

MARTINEAU.

J'en donne la promesse.

CORNET, hésitant.

Vous serez bon enfant?... Eh bien, je me confesse

D'avoir promis tantôt...

MARTINEAU.

Achevez donc!...

CORNET.

Mon bras
Pour la conduire un jour à la chambre... non pas
Dans notre enceinte, à nous, mais dans une tribune.

MARTINEAU, respirant.

Passe encor pour le bras!... Cette dame importune
Ne vous a-t-elle plus rien demandé?

CORNET.

Quoi donc ;
Est-ce que l'on demande autre chose?...

MARTINEAU.

Non, non.
Mais pour mieux se payer du repas qu'elle donne
Elle aurait pu vouloir lier votre personne...
Obtenir vos faveurs pour elle ou ses amis.

CORNET.

Lorsqu'à repas de corps j'ai l'honneur d'être admis,
Tout refus est fâcheux... Pour acquitter ma dette,
Quoi qu'elle eût demandé, j'aurais à sa requête
Tout accordé.

MARTINEAU, à part.

Bon Dieu! rien n'est encor perdu ;
Mais mon parti sapé doit être défendu.
Par un coup décisif, reprenons l'offensive...
    (Haut.)
Ecoutez-moi, Monsieur, la chose est décisive;
De ma franchise ici, ne soyez pas fâché;
Vous n'êtes point tombé, mais vous avez bronché...

Mollement balancé par trop de confiance,
Vous venez sur un fil, vous, élu de la France,
De passer le torrent de la perdition !
Dès que le sacrement d'auguste élection
Nous a fait remonter l'échelle sociale,
Nous n'appartenons plus qu'à la haute spirale
Qui doit faire grandir le chef porte-drapeau,
Qui sur notre parti brille comme un flambeau.
Ce chef pour vous, c'est moi ! par d'éminents services,
De votre amour déjà j'ai conquis les prémices,
Et je ne pense pas que vous eussiez le cœur
D'abandonner celui qui fait votre grandeur.

CORNET.

Non pas, certainement; mais où conduit, de grâce,
Cette voix solennelle, et dont le ton me glace?

MARTINEAU.

Elle veut vous conduire à savoir distinguer
Les fourbes des amis, et à ne prodiguer
Vos serrements de mains, vos saluts, vos promesses,
Qu'à ceux que vous verrez recevoir mes caresses.
Pour quiconque avec moi veut marcher au pouvoir,
Haïr tout adversaire est le premier devoir.
Nul, s'il n'est mon ami, ne mérite de vivre !
Habituez-vous donc constamment à bien suivre
Mon geste, mon regard; car loin de ce chapeau
Vous marchez à la honte et la France au tombeau.

CORNET.

A propos d'un dindon, quel langage lugubre !

MARTINEAU.

S'abstenir d'en manger me paraît fort salubre :
Un cheval perdit Troie, hélas !...

CORNET.

                              Se pourrait-il
Que mon dîner eût mis la patrie en péril?...

MARTINEAU.

D'un ex-ministre ami, qui peut bien encor l'être,
Croyez-en la leçon; il faut savoir paraître
Ferme, sourd, brutal, même à tous ses suborneurs
En jupe ou pantalon.

CORNET.

Repoussant les honneurs
D'une invitation, je dois donc?...

MARTINEAU.

A la-porte
Consigner cette dame.

CORNET.

Ah ! traiter de la sorte
Une femme qui fut si polie.

MARTINEAU, à part.

Oui, ma foi!
Me voler un votant, c'est fort poli pour moi !
(Haut.)
Je vous dis qu'il la faut congédier sur l'heure.

CORNET.

Quand elle est là, comment chasser de ma demeure
Une dame du sexe !...

MARTINEAU.

Et pourquoi se gêner;
Poliment on lui dit d'aller se promener.

CORNET.

Se promener ! Mais c'est en province une injure?...

MARTINEAU.

Ici, Monsieur, c'est dans certaine conjoncture
Grandement usité.

CORNET.

Je puis donc sans manquer
Au respect?. .

MARTINEAU.

Pour Melun l'envoyer s'embarquer,

CORNET.

Ou promener plus près...

MARTINEAU.

Vous avez latitude...
Vous me le promettez?...

CORNET.

Je n'ai pas l'habitude
De tromper mes amis.

MARTINEAU.

Vous êtes excellent...
Adieu, je reviendrai ce soir; en attendant,
  (Lui remettant un journal.)
Parcourez mon journal; mais ne voyez personne.
Adieu... j'entends du bruit! à votre porte on sonne.

CORNET.

C'est l'heure où l'on devait revenir me chercher.

MARTINEAU.

Dites-vous enlever!.... vous saurez l'empêcher
En envoyant...
                (Il fait un geste de renvoi.)

CORNET.

Comptez sur moi...
                        (Entr'ouvrant la porte.)
                        Ciel! elle-même!

MARTINEAU.

Elle-même, grand Dieu! le péril est extrême!
Par l'escalier secret je descends,

(A part.)
Ou plutôt
Je vais rester caché pour suivre ce complot
Et voir comment il suit mes leçons. La commère
Va rugir en voyant l'accueil qu'on sait lui faire.

(Il se cache derrière les rideaux, près de la porte dérobée, de manière à voir la scène suivante sans être aperçu de Mme Rafiné).

SCÈNE II.

Mme RAFINÉ, les précédents;

Mme RAFINÉ.

Trois heures vont sonner au Louvre, cher Monsieur;
De me suivre au logis me ferez-vous l'honneur?...
Tous nos amis sont là; de votre bienvenue,
Chacun se réjouit, et je suis accourue
Pour hâter le moment de vous les présenter.

CORNET, embarrassé.

Quoi, madame, déjà!...

Mme RAFINÉ.

Sans doute, et vous hâter
Devient urgent.

CORNET.

Mon Dieu... je ne sais que vous dire...
Mais un empêchement... survient...

Mme RAFINÉ.

Vous voulez rire.

CORNET.

Jamais de plaisanter je n'eus moins le désir.
Je m'étais, pour ce soir, promis tant de plaisir !

Mme RAFINÉ.

Quelle raison alors?... Etez-vous donc malade?...

CORNET, saisissant cette idée.

Oui, justement... On m'a défendu la salade.

Mme RAFINÉ.

Si ce n'est que cela, nous n'en mangerons pas.

CORNET.

C'est autre chose encor...

Mme RAFINÉ.

Quelque douleur de bras?
Votre teint, cependant, n'indique point de bile.
Nous avons à dîner un docteur fort habile ;
Il est du Périgord,

CORNET, ému.

Du Périgord!...

Mme RAFINÉ.

Vraiment.
Sur les truffes il a fait un traité charmant.
Venez, venez.

CORNET, ébranlé, à part.

Grand Dieu! que la chose est tentante !...
(Rencontrant tout à coup le regard de Martineau.)
Ouf! je suis trop souffrant...

Mme RAFINÉ.

Qu'est-ce, qui vous tourmente?
La goutte?...

CORNET.

Mon Dieu, non.

Mme RAFINÉ.

Peut-être le gravier?

CORNET, à part.

Qu'éviter un repas est un rude métier!

Mme RAFINÉ.

Un rhumatisme?...

MARTINEAU, bas à Cornet placé près de lui.

Bou!... Quel portrait rachitique !
Sur votre corps on veut faire un cours de clinique.

CORNET, piqué.

Je le crois... Tout cela, madame, est peu flatteur :
Rhumatisme, gravier, goutte.

Mme RAFINÉ.

Pardon, Monsieur,
C'est vous qui vous plaignez...

CORNET.

Bien plus qu'en cette ville,
Sachez qu'à Bergerac on est sain...

MARTINEAU, à part.

Bien! La bile
Va lui monter au nez.

Mme RAFINÉ.

Revenons au dîner.
Je sors de chez Chevet; il vient de me donner
Sa carte; nous aurons douze douzaines d'huitres,
Un plumb pudding nageant dans un punch de deux litres,
Six faisans, une hure, un turbot colossal.

CORNET, à part.

Que d'héroïsme il faut pour laisser ce régal !

MARTINEAU, bas à Cornet.

Voyez-vous du poison comme cette tigresse
Vous déguise l'odeur et la couleur traîtresse
Sous le cachet trompeur de Chevet?...

CORNET, raffermi.

Je comprends;
Et de me dégager, je le vois, il est temps !

(A madame Rafiné d'un ton résolu.)
Aller chez vous ce soir, Madame, est impossible.

Mme RAFINÉ.

Impossible, bon Dieu!...

CORNET.

Refuser m'est pénible;
Mais des empêchements...

Mme RAFINÉ.

Et comment voulez-vous
Que je dise ce *non* aux gens qui sont chez nous?

CORNET, toujours encouragé par Martineau.

Pour cela vous avez assez d'esprit, peut-être.

Mme RAFINÉ.

Devant nos conviés je n'oserai paraître;
Manquer à ce repas que vous deviez orner!

CORNET, avec embarras.

Il faut alors...

Mme RAFINÉ.

Quoi donc?

CORNET.

Aller vous promener.

Mme RAFINÉ.

Vous dites?...

CORNET.

Qu'il fait bon aller voir la verdure...

Mme RAFINÉ, interdite.

Ainsi, vous m'envoyez contempler la nature?

MARTINEAU, triomphant, étouffe un éclat de rire; à part.

Le tour est excellent, et jamais je ne vis
Chasser plus rondement importun d'un logis.

Après un tel succès je puis dormir tranquille;
M'enlever ce votant, je le leur donne en mille!
(Il sort par l'escalier dérobé).

SCÈNE III.

CORNET, Mme RAFINÉ.

Mme RAFINÉ.

Mon cher Monsieur Cornet, quand un homme galant
Nous donne le conseil agréable et tentant
D'aller respirer l'air, aussitôt il s'empresse
De nous offrir son bras avec délicatesse.

CORNET, surpris.

Son bras!... Mais...

Mme RAFINÉ.

Sûrement, vous êtes trop bien né
Pour refuser un bras qui m'était destiné...

CORNET.

Chère Madame!

Mme RAFINÉ.

Il est des lois de bienséance
Dont un homme ne peut enfreindre la puissance.

CORNET, regardant derrière le rideau que Martineau a quitté.

Il n'est plus là, ma foi, je ne puis rester sot.
Un tour de promenade est terminé bientôt.

Mme RAFINÉ.

Vous venez?

CORNET.

Cependant,
(Il regarde encore derrière le rideau.)

Mme RAFINÉ.

C'est par la politesse
Qu'envers le sexe il faut qu'un député sans cesse

Brille, que du beau monde il prenne le vernis,
Et chez lui fasse dire, « il revient de Paris. »

CORNET.

De vos bonnes leçons, Madame, on vous rend grâce.
(A part, se tournant vers le rideau où était Martineau.)
Tant pis pour lui, pourquoi quittail-il cette place...
(Il sort en donnant le bras à Mme Rafiné.)

SCÈNE IV.

MARTINEAU, rentrant.

A peine sur le pont je n'ai pu résister
Au désir de rentrer pour le féliciter;
(Appelant).
Monsieur Cornet... où donc êtes-vous?... venez vite,
Je veux vous embrasser et vous parler ensuite...
De cet élève-là je dois être content.
Comme il dit à son monde : allez flairer le vent!
Un renvoi si brutal rend assez difficile
Le dangereux retour de cette dame habile.
Elle est bien et dûment expulsée à jamais...
Oh ! qu'un esprit obtus est, comme je disais,
Pour un grand personnage, une arme avantageuse.
Loin de moi ces talents à l'allure verbeuse
Qui se mêlent de lire, ou bien de contrôler,
Et sur leurs ailes croient tous seuls pouvoir voler.
Sotte engeance, ma foi, qui prétend qu'on l'écoute,
Sinon fait constamment du bruit sur votre route.
« Quelle couleur! dit l'un, aura votre drapeau?...
» Où nous conduirez-vous, ministre Martineau?...
» Quel sera le grand mot de votre politique?
» Egalité, dit Jean! moralité publique,
» Répond Joseph. » L'un veut quelque concession,
Un autre plus entier dit qu'à l'opinion

4

Il ne faut point céder ! voilà pour la musique
De nos grands carillons; puis viennent en réplique
Les refrains redondans des lettres et du sel,
D'Alger, des fonds secrets, cette tour de Babel
Du représentatif; et tout se multiplie
Par quatre cents votants, ayant tous la manie
De voir différemment !... Maudits soient les penseurs;
Et plus maudits encor nos enragés hâbleurs.
Vive Monsieur Cornet dont la verve discrète,
Comme d'un gros péché garantira sa tête
De toute opinion ne venant pas de moi.
Ma pensée est son guide, et son code, et sa loi ;
Je prétends à tel point lui servir de boussole,
Qu'il n'osera sans moi lâcher une parole;
Et si l'on dit — Monsieur, trouve-t-il le temps beau?
Il réponde, — il me faut consulter Martineau.
— Voulez-vous promener ? — Je n'ai pas reçu d'ordre...
A ce rocher fidèle, on leur défend de mordre !
Roc envers l'ennemi, cire molle en mes mains,
Je veux le façonner d'expert tous les matins
A composer son air, son port et sa tournure,
Sur les plans de tactique empreints sur ma figure ;
Grondant si je me plains, riant quand je rirai,
Toussant même, et bien fort, quand je m'enrhumerai...

SCÈNE V.

MARTINEAU, CORNET, rentrant.

MARTINEAU.

Ah ! vous voilà, Monsieur !

CORNET, interdit, à part.

Qui diable le ramène?
Il va me quereller.

MARTINEAU.

Quelle joie est la mienne

D'avoir pu contempler votre adresse en ce jour.
Elle doit enrager après un si bon tour.

CORNET.

De quel tour parlez-vous?

MARTINEAU.

Du tour de promenade.

CORNET, plus surpris.

Vraiment... moi qui croyais que de cette incartade
Vous alliez me gronder.

MARTINEAU.

Mon admiration
Est, Monsieur, au-dessus de toute expression.

CORNET.

J'ai donc sagement fait de me montrer honnête?

MARTINEAU.

Pour jouer mes rivaux, qu'elle excellente tête!

CORNET.

Vous me pardonnez?...

MARTINEAU.

Moi! j'en suis tout transporté!

CORNET, à part.

Pour le rendre content qu'elle facilité!
Je ne lui croyais pas autant de bonhomie.

MARTINEAU.

D'un pareil procédé que je vous remercie!
(D'un ton doctoral.)
Ecoutez-moi, Monsieur. D'un complot imminent,
Nous avons évité le péril menaçant.
Grâce à vous, j'ai sauvé mon parti... Je proclame
Votre immense talent à déjouer la trame

La mieux enchevêtrée avec cet à-propos,
Cet aplomb effronté qui forme les héros.
Vous venez par un mot de conserver ma vie,
De rendre la splendeur à la mère-patrie
En préparant le jour à jamais glorieux
Où Monsieur Martineau, bravant les envieux,
Par un sublime effort redeviendra ministre.
Pour atteindre ce but, à nos rivaux sinistre,
Sur la brèche bientôt entraîner mes amis
En cohortes pressés, écoutez mes avis.
Dans ce petit écrit, ma longue expérience
A consigné pour vous, sous forme de sentence,
Les principaux devoirs des députés parfaits;
Non pas de ces devoirs indéfinis, abstraits,
Concernant les impôts, la richesse publique,
Problèmes fort obtus de haute politique,
Mais la soumission qu'un député nouveau
Doit avoir pour le chef qui lui sert de drapeau.

      (S'asseyant dans un fauteuil.)

Je m'assieds; à trois pas restez debout. Je pense
Qu'il serait à propos de me dire : Excellence,
Pour bien prendre le ton.

CORNET, obéissant.

Excellence!

MARTINEAU.

Plus haut,

Et que cela raisonne... Otez votre chapeau
Pour montrer envers moi plus ample déférence...
Supposez que je suis au temple d'éloquence.
Je vais faire trembler le mauvais citoyen...
Applaudissez-moi donc.

CORNET.

Très bien, morbleu! très bien!

MARTINEAU.

Ce diapason-là conviendra pour l'exorde,
Mais dans le second point, il faut monter la corde...
Mes ennemis vaincus sont partout aux abois!...
Dites bravo!...

CORNET, criant.

Bravo! bravo! sublime! aux voix!

MARTINEAU.

Admirable, ma foi! renforcez ce tapage
Du pied et du couteau pour la dernière page,
Le succès est complet... Puis, sachez répéter :
Que, pour nos factions, je puis seul les dompter,
Et l'affaire est au sac; je forme un ministère,
Et vous serez, Monsieur, mon premier secrétaire.
De ce rôle il vous faut savoir le rudiment.
Lisez ce livre-là;
(Il lui remet un cahier.)
Je vous dirai comment
Du principe on atteint sans peine à la pratique
A travers les périls de la chose publique.

CORNET, lisant.

Instruction philosophique à l'usage du bon député.

I.

Tout député, qui n'est point sot,
Surgissant d'une coterie,
Doit se dire, sous son jabot,
Malgré les grands mots de patrie,
Que son patron le prend pour lui
Et non pour le bonheur d'autrui.

II.

Il ne doit vouloir être habile
Et s'occuper de pérorer
Qu'autant que peut le désirer
Son honorable chef de file;
Car il n'importe à ce dernier
Qu'il soit illustre ou malhabile,
Pourvu qu'il sache le prôner,
Le pousser et le patronner,
En écrasant tout homme hostile.

III.

Pourquoi notre homme apprendrait-il
Finances et diplomatie,
Et les lois de l'économie?
Tant de savoir rend bien subtil.
Tous ces efforts de la science
Ne plaisent guère à nos patrons;
Car l'orgueil plonge l'innocence
Au sein des coalitions.

IV.

D'une humeur accorte et câline
Envers son honorable chef,
Devant lui toujours qu'il s'incline
En tenant bas son couvre-chef...
Mais que, pour tout autre, à la ronde,
Il soit et hargneux et grognon;
Car pour bien flatter son patron
Il doit molester tout le monde.

V.

Les politesses et dîners
Que peut offrir un adversaire,
Comme de très graves dangers
Il faudra qu'il les considère;

Car ces ambigus, ces festins,
Sont de vrais piéges à scrutins;
Chacun voulant, par avarice,
Que ce qu'il donne l'enrichisse.

VI.

Du caveau d'un club téméraire,
Il faut qu'il se défende bien;
Car, dans ce siècle mercenaire,
On ne sait rien donner pour rien,
La chose est aujourd'hui notoire.
La plupart de nos turbulents
Ne tiennent à nous faire boire
Que pour chanter à nos dépens.

MARTINEAU.

A l'air dont vous lisez cette œuvre magnifique,
Je vois que vous suivrez très bien ma politique.
A vous en pénétrer ne perdez pas de temps;
Les méchants sont actifs et nous montrent les dents.
Allez donc méditer sur ces grandes maximes,
Et de l'entêtement sachez fuir les abîmes.
Surtout... Apprenez bien à savoir m'obéir...
Adieu... jusqu'à ce soir !

CORNET.

Je vais me divertir,
Pour le savoir par cœur, à copier ce livre.

(Il sort.)

SCÈNE VI.

MARTINEAU, à part.

Avec de tels amis, qu'il est beau de poursuivre,
Au milieu des combats et des discussions,
Les sentiers ténébreux des conspirations.

Infortuné ministre, es-tu prêt à la guerre?
Qui m'a pour ennemi doit mordre la poussière!...

(Au moment où il va sortir, Mme Rafiné rentre.)

SCÈNE VII.

MARTINEAU, Mme RAFINÉ.

MARTINEAU, étonné.

Ciel! elle ose rentrer!...

Mme RAFINÉ, à part.

Martineau chez Cornet!
De mon périgourdin aurait-il le secret?

MARTINEAU.

Madame, de me voir, on vous dirait surprise?

Mme RAFINÉ.

A tel point que j'ai cru d'abord m'être méprise.

MARTINEAU.

N'est-ce pas moi plutôt qui devrais m'étonner?

Mme RAFINÉ.

Oh, moi!... Je suis ici....

MARTINEAU.

Dites, pour machiner
Quelque intrigue!

Mme RAFINÉ.

Entre amis, pourquoi m'en cacherai-je.
J'entreprends de fournir à Martin, vous disais-je,
Sur le quai, ce matin, mon contingent de voix,
Et de Monsieur Cornet je vous parlais, je crois.

MARTINEAU, raillant.

Et vous vous louez fort de vos succès, Madame ?
Le cœur est satisfait ?

Mme RAFINÉ.

Non pas le cœur; c'est l'âme,
L'âme altière qui veut punir et dominer.

MARTINEAU.

Qui donc punir ?... Ceux qui vous envoient promener ?

Mme RAFINÉ.

Vous connaissez le fait ?

MARTINEAU.

L'aventure est charmante !

Mme RAFINÉ.

Charmante !... Allons, je puis être en vous confiante.
Dès que je vous ai vu, j'ai craint la trahison,
Et vous ai pris d'abord pour le maudit patron
Qui veut nous gouverner en maître, en vrai despote.
Mais puisque vous riez du tour qu'à sa marotte
J'ai naguère joué, vous êtes mon ami....
Ce cher Monsieur n'est pas innocent à demi !
Vous savez ce butor, ce roué de la chambre
Qui le tient, sous verrouil, calfeutré dans sa chambre
Pour mieux faire voter l'aveugle à son profit ?
Malgré ses alguasils, dans ce gîte maudit
J'ai pu m'insinuer et préparer ma chance.
Cornet avait d'abord, avec reconnaissance,
Accepté le dîner que je donne à Martin,
Grâce à ces bons écus qu'ici près, ce matin,
Vous avez bien voulu me prêter sur parole...
Dans ce monde d'ingrats, comme cela console
D'avoir de tels amis !
                (Elle lui presse la main.)

MARTINEAU, à part.

Exécrable lutin!

Mme RAFINÉ.

Tout à l'heure, en rentrant, je l'ai trouvé chagrin ;
Il a fait des façons et s'est montré rebelle.
J'ai voulu le presser; mais, sans autre querelle,
Il m'a, fort galamment, envoyé promener.

MARTINEAU.

Le tour est excellent! Il faudra le donner
A Karr pour l'insérer dans sa *Guêpe* prochaine.

Mme RAFINÉ.

Moi, sans me courroucer...

MARTINEAU, l'interrompant pour rire.

Ah! quelle bonne aubaine
Pour le *Charivari!*

Mme RAFINÉ, continuant.

Sans me déconcerter:

MARTINEAU, riant toujours.

Quelle farce !

Mme RAFINÉ.

Je lui

MARTINEAU, riant toujours.

Quel bon tour à conter!...

Mme RAFINÉ.

Je présente mon bras,...

MARTINEAU, éclatant.

Ça fait mal de tant rire.

Mme RAFINÉ.

Quand un homme, ai-je dit, avec un doux sourire,
Parle de promenade, il nous offre son bras.

MARTINEAU,

Oh! que ne sommes-nous au jour du mardi-gras !

Mᵐᵉ RAFINÉ.

Mon aplomb l'a surpris; interdit, hors d'haleine,
Il s'est laissé saisir et n'ai pas eu de peine
A le conduire au quai.

MARTINEAU, très surpris.

Que dites-vous? Comment!

Mᵐᵉ RAFINÉ

J'arrive dans la rue... On l'eût dit repentant
De son premier oubli, tant il mettait de zèle
A faire le galant... au pont de la Tournelle;
Il s'est même arrêté pour m'offrir du coco.
Il voulait m'acheter un aimable jacko...
Quoi ! vous ne riez plus?

MARTINEAU, stupéfait.

Ma surprise est extrême!...

Mᵐᵉ RAFINÉ.

Vous ne soupçonniez pas un pareil stratagème?...

MARTINEAU.

Voilà pourquoi chez lui je ne le trouvais pas...

Mᵐᵉ RAFINÉ.

« Madame, m'a-t-il dit, pour sortir d'embarras,
» Je ne puis le nier : Oui, c'est avec tristesse
» Que j'ai commis tantôt certaine maladresse.
» Je m'y trouvais forcé par un homme fort dur,
» Et, puisqu'il n'est plus là pour m'écouter, bien sûr,
» Je saurai me blanchir auprès d'une personne
» Que j'estime baucoup. » Voilà qui vous étonne,
N'est-ce pas?...

MARTINEAU.

Ah! j'étouffe!

Mᵐᵉ RAFINÉ

Eh! riez donc!

MARTINEAU, d'un rire forcé.

Je ris!...

Mᵐᵉ RAFINÉ, riant.

Et moi donc? Ah! ah! ah!

MARTINEAU, à part.

Comme un rat, je suis pris!...

Mᵐᵉ RAFINÉ.

Bref, voulant réparer sa faute en conscience,
A mes ordres soumis, avec toute obligeance,
Il m'a promis... promis tout ce qu'on peut donner.

MARTINEAU, à part.

Le butor!

Mᵐᵉ RAFINÉ.

Mais comment refuser ce dîner
Si bon, si merveilleux, grâce à vos cent pistoles?
Mais vous êtes de taille à remplir plusieurs rôles!...

MARTINEAU, à part.

Ah! que je frapperais et des pieds et des mains,
S'il ne fallait savoir étouffer ses chagrins
Quand on veut dominer!...

Mᵐᵉ RAFINÉ.

Maintenant, le temps presse.
Après-demain, je pense, on termine l'adresse;
Jeudi, les fonds secrets, et je verrai Martin
Broyer le cabinet au mortier du scrutin...
D'une insolence au wist voilà ma représaille!

MARTINEAU.

Ça s'appelle brosser les gens jusqu'à la maille.

Mme RAFINÉ.

Pour ce grand résultat, vous votez avec nous?

MARTINEAU, éclatant.

De Martineau, Madame, enfin, vous moquez-vous?
Et le voulez-vous donc traîner à la remorque
D'un parti de vrais fous?...

Mme RAFINÉ.

Souffrez qu'on vous rétorque
Ce titre gracieux, Monsieur!...

MARTINEAU.

Assez longtemps
J'ai souffert les affronts de vos airs insolents.
C'est moi qui de Cornet suis le patron, Madame;
Je ne souffrirai pas qu'une surprise infâme!...

Mme RAFINÉ.

Quoi! c'est vous que je viens!...

MARTINEAU.

Oui, Madame, c'est moi.

Mme RAFINÉ.

Et, grâce à votre argent... Oh! l'excellent emploi!...

MARTINEAU.

Nous verrons... Je prépare une bonne revanche.

Mme RAFINÉ.

Vous aurez mauvais jeu, l'on tient première manche.
Votre argent est, bonhomme!...

MARTINEAU.

Oh! ne riez pas tant.

Mme RAFINÉ.

Vous rendez votre élève éminemment galant.

MARTINEAU.

Le mot galant n'a plus de cours dans la pratique,
Et je ne connais pas de sexe en politique.

SCÈNE VIII.

LES PRÉCÉDENTS, CORNET.

CORNET, rentrant.

Quel bruit vient me troubler dans mes reflexions?
Ciel! Monsieur et Madame en contestations.

MARTINEAU.

Venez, monsieur Cornet, ceci vous intéresse.
Malgré tous mes conseils, malgré votre promesse,
Auriez-vous bien suivi Madame sur le pont?

CORNET.

Je souffrais de la tête et l'air m'a paru bon.

MARTINEAU.

Oui, mais pour se guérir d'un léger mal de tête,
Il n'est pas très urgent qu'au docteur on promette
Tout ce que peut de nous réclamer sa noirceur.

CORNET.

Oh! moi de refuser je n'eus jamais le cœur.

MARTINEAU.

Oui, mais en vous montrant poli pour cette dame,
Vous me contrariez fort.

CORNET.

Vous, Monsieur? sur mon âme,
J'en suis très affligé; mais pourquoi ce souci?
Ce que je lui promets, ah! je vous l'offre aussi!...

MARTINEAU.

Osez-vous bien jouer avec les choses saintes !
(Montrant Mme Rafiné.)
Nous sommes ennemis, Monsieur, et toutes feintes...

CORNET.

Ennemis, juste ciel ! vous voulez plaisanter.

MARTINEAU.

Non, Monsieur, il vous faut entre nous deux opter.

CORNET.

Moi, j'opte pour tous deux.

MARTINEAU.

Mais il est impossible !

CORNET.

Vous aimer, la haïr, me serait trop pénible !

MARTINEAU,

Elle veut blanc, moi noir.

CORNET.

Eh bien ! nous ferons gris;
Je veux autour de moi n'avoir que des amis.
Je ne déteste rien autant que les querelles,
Les regards de travers...

MARTINEAU.

Vous m'en donnez de belles;
Choisissez entre nous.

CORNET.

Est-ce donc si gentil
De faire ces gros yeux ? Voyez votre profil !
On dirait d'un hibou.

MARTINEAU; à Mme Rafiné.

Contemplez votre ouvrage,
Madame l'intrigante... il n'est... ce dont j'enrage,

Plus bon à rien, le sot...

Mme RAFINÉ.

Pour vous, non; mais pour moi,
Je connais le moyen d'en faire un bon emploi.

SCÈNE IX.

LES PRÉCÉDENTS.

SANSONNET, entrant une lettre à la main. —Puis JEAN-DUC, chapeau de feutre gris à larges bords, veste grise et pantalon de même couleur, costume de minotier.

SANSONNET.

Monsieur Cornet on vient vous porter une lettre;
C'est un homme tout gris.

(Mme Rafiné et Martineau vont parler à l'écart dans l'embrasure de la fenêtre au fond).

CORNET.

Mon cousin Jean, peut-être !
C'est lui-même. Oh bonheur !...

JEAN-DUC, s'inclinant profondément.

C'est avec grand respect
Que je m'incline ici devant Monsieur Cornet,
Notre illustre...

CORNET.

Quoi donc, que dis-tu là, Jean-Pierre.
Que devient, s'il te plaît, l'union familière
Qui depuis dix-huit ans...

JEAN-DUC.

Monsieur ! on sait l'honneur
Que l'on doit maintenant rendre à tout haut seigneur

Qui porte dans ses mains protections, disgrâces.

CORNET.

Tu me devais, je crois, demander quelques places?

JEAN DUC.

D'abord une, et puis deux, si cela se pouvait.

CORNET.

Pourquoi pas?...

JEAN DUC.

Lisez donc cet écrit, s'il vous plaît.

CORNET, prenant une lettre des mains de Duc.

Ma chère épouse ! Oh ciel ! comment se porte-t-elle ?...

JEAN DUC.

Très bien ! elle a reçu son fichu de dentelle
Et salé ses canards un de ces derniers jours.

CORNET, lisant sa lettre.

« Cher ami de mon cœur ! tu seras donc toujours
» Indolent, paresseux pour toutes nos affaires.
» Je ne vois, jour et nuit, que tes quatre beaux-frères,
» Qui me demandent tous ce que tu fais là-bas,
» Pour n'avoir pas encor levé les embarras
» De leur avancement. Ton fils attend sa bourse
» Pour entrer au collége; avec cette ressource,
» Tu pourrais compenser ton séjour à Paris.
» Hâte-toi de caser ton fils et tes amis;
» Souvent les électeurs montrent de l'inconstance...
» Aie toujours soin d'avoir du linge blanc d'avance;
» Je t'enverrai bientôt des pâtés par Tournal.
» Il voudrait être juge à notre tribunal;
» Il le mériterait. Le soir il a l'usage
» De venir avec moi jouer au mariage.
» Sois prudent, cher ami, garde-toi de jouer,
» Les filous sont communs. Un Monsieur veut louer

5

» Le premier sur la cour; mais il voudrait encore
» Que je lui fisse avoir un emploi... Théodore
» Attend de jour en jour son bureau de tabac.
» Allons, agite-toi, fais mousser ton mandat;
» Je remets à Jean Duc un pot de confiture.»
  (Refermant la lettre.)
Voilà de la besogne à donner tablature!...
  (A Jean Duc.)
Comment s'y prendre, ami, pour fournir tout cela.

JEAN DUC.

Voyez-vous le ministre?

CORNET..

Ah! que me dis-tu là!
On me l'a défendu...

JEAN DUC, effrayé.

De voir une excellence
Qui répand des torrents de faveurs sur la France!

CORNET.

Mon patron, et chacun doit obéir au sien,
M'interdit de jamais avoir affaire en rien
Avec le cabinet.

JEAN DUC.

Oh! scandale effroyable!...

CORNET, se reprenant.

Tant qu'il n'en sera pas!...

JEAN DUC.

Mais c'est abominable !...
Au ministre ne pas oser se présenter.
Comment pouvez-vous donc à Paris habiter?
D'ennui l'on doit moisir dans cette chambre obscure!

CORNET, étonné.

Je m'ennuie, en effet.

JEAN DUC.

Vous en avez l'allure;

Vous devez, j'en suis sûr, ne pas beaucoup dormir ?...

CORNET.

Presque pas !...

JEAN DUC

Manger mal, de la tête souffrir...

CORNET.

Cruellement parfois, cela me désespère.

JEAN DUC.

Mais aussi, ne jamais aller au ministère !...

CORNET.

Le ministère est-il un remède à tout mal ?...

JEAN DUC.

Il n'est pas dans Paris d'air si pur, si normal.

CORNET.

Vrai ?... j'irai donc alors...

JEAN DUC.

Croyez-m'en, et de suite...

CORNET.

Ne pourrais-je à demain remettre ma visite ?...

JEAN DUC.

Non pas; mon concurrent s'y présente aujourd'hui,
Il faut, pour me servir, déposer contre lui
Et cela dans l'instant...

CORNET.

Un peu de patience !

JEAN DUC.

Depuis un mois n'avoir pas vu son excellence !
Vous voulez donc, mon cher, être destitué
Et dans le Périgord rudement conspué.

CORNET.

Conspué ! par qui donc ?...

JEAN DUC.

   Par vos propres beaux-frères,
Par Tournemal, Guenin, Torton et leurs compères,
Par tous les électeurs, et par moi-même, enfin...
Malgré vous, nous voulons contraindre le destin
A vous élever haut.
    (D'un ton insinuant.)
   Vous allez pour ma place
Faire valoir mes droits, d'une voix efficace?...

CORNET.

Comment? mes électeurs...

JEAN DUC

    Ne plaisanteront pas,
Si vous ne saluez le ministre fort bas.
Par l'orage grondant qui sourdement se forme...
Seriez-vous satisfait d'être mis en réforme?...

CORNET.

Que me dis-tu, grand Dieu! Je cours solliciter,
Et pour tous nos amis supplier, attester.
Pour Pierre, pour Simon, pour Joseph, pour Baptiste...
De tes ambitions me portes-tu la liste?

JEAN DUC, lui remettant des pétitions.

De l'adresse, demain, c'est, dit-on, le grand jour.
Sachez voter bien haut, et même au premier tour,
Pour ce cher cabinet ou plutôt pour nous-mêmes !

CORNET.

Je vote des deux mains et d'une ardeur extrême!...
Conserver mes amis et sauver mon crédit!
Allons, cousin, je vais endosser mon habit.

JEAN DUC.

Ce n'est pas tout : il faut quitter cette retraite,
D'un pouvoir généreux se loger près du faîte.

CORNET.

Je suivrai ton conseil; oui, je fais mes paquets,
Je quitte ce quartier en dépit des caquets
Et je vais me loger à côté des ministres.

*Il passe dans un cabinet, entraine valise, sac de nuit,
endosse un habit et va pour sortir.*
(Martineau et Mme Rafiné reviennent du fond.)

MARTINEAU à Cornet.

Où courez-vous, Monsieur?...

CORNET.

                    Réparer les sinistres
Qu'avaient causés sur moi vos faux airs patelins...
Salut à tous les deux. Ah! vos complots malins
Loin du soleil voulaient engourdir ma fortune.
Arrière des jaloux la cabale importune.
L'aigle reprend son vol...

MARTINEAU.

                    Ou le paon fait la roue.

CORNET.

Je cours au ministère...

(Il sort, emportant quelques effets.)

MARTINEAU.

Ah, l'infâme! il nous joue!

Mme RAFINÉ.

J'en suis toute saisie...

MARTINEAU à Jean Duc.

            Où donc va-t-il, de grâce?

JEAN DUC.

De Monsieur le ministre éviter la disgrâce,

En entrant dans les rangs les mieux disciplinés.

(Il sort sur les pas de Cornet avec le sac de nuit.)

SCÈNE X.

MARTINEAU, Mme RAFINÉ.

Mme RAFINÉ, furieuse.

Le ministre! oh, malheur!

MARTINEAU, se contenant.

Ouf!... soyons résignés,
Madame, et ne songeons qu'à guérir nos blessures.
Nous fûmes ennemis; prenons d'autres allures.
Contre un pouvoir fatal de front sachons marcher;
Par nos communs efforts il lui faut arracher
Ce pouvoir insolent. Unissons-nous, Madame !

Mme RAFINÉ.

Naguère sur Martin vous lanciez foudre et flamme ?...

MARTINEAU.

Nécessité souvent calme notre fureur !

Mme RAFINÉ.

Ainsi donc vous venez à nous.

MARTINEAU.

Et de grand cœur...

Mme RAFINÉ.

Soit!... contre le pouvoir je suis votre complice,
Mais après le succès nous levons l'armistice.

MARTINEAU.

Nous reprenons la haine ?

Mᵐᵉ RAFINÉ.

Avec acharnement !

MARTINEAU.

Nous nous détesterons à mort !

Mᵐᵉ RAFINÉ.

Parfaitement.

A ces conditions, je signe avec courage...

MARTINEAU.

A plus tard le plaisir de nous battre avec rage...
Maintenant, sur l'orgueil, nous nous jurons amour.
Allons faire, bien haut, retentir ce grand jour.
  (D'un ton de menace.)
Tu te repentiras, Cornet, de l'escapade.

Mᵐᵉ RAFINÉ, du même ton.

Tu pourrais payer cher cette brusque ruade.

MARTINEAU.

L'union fait la force.

Mᵐᵉ RAFINÉ.

Unissons nos efforts...
  (Ils sortent en se tenant étroitement serrés.)

SCÈNE XI.

SANSONNET, accourant.

Eh bien, personne ici !... tout mon monde dehors !
  (Parcourant la chambre et les cabinets.)
Les effets emportés !... pas le plus petit gage !...
Mon loyer compromis !... mon cinq pour cent !... j'enrage !
Je suis assassiné ! La France est aux abois !
Les voleurs ! Mieux vaudrait vivre au milieu des bois.

Perdre cinquante francs... Le monde est en ruine.
Et pas même pouvoir leur bâtonner l'échine !...
Au secours, citoyens ! Je perds cinquante francs.
Aux armes, la patrie appelle ses enfants.

SCÈNE XII.

LES PRÉCÉDENTS, peuple, locataires.

UN HOMME.

Eh bien, qu'est-ce ?

UNE FEMME.

Avez-vous le feu...

UNE FEMME.

Qui vous tourmente?

SANSONNET, exaspéré.

Jamais cause plus sainte, un portier perd sa rente!
Il se faut révolter; formez vos bataillons.
Courez à l'arsenal, sur le château marchons.

UN HOMME.

Une émeute ! bravo. Quel est le cri de guerre?...

SANSONNET.

Qu'il faut savoir mourir pour un malheureux frère
Qui perd cinquante francs !...

SCÈNE XIII.

LES PRÉCÉDENTS, un domestique en livrée.

LE DOMESTIQUE.

Le portier Sansonnet.

SANSONNET.

C'est moi-même ?...

LE DOMESTIQUE.

Certain Monsieur, nommé Cornet,

Pour vous payer, ici, m'a prié de me rendre.

SANSONNET reçoit l'argent et s'incline.

Soixante francs, Monsieur !

LE DOMESTIQUE.

                De plus, il y veut joindre
Dix écus pour vos soins !

SANSONNET.

             Ah ! c'est trop généreux !
Qui l'aurait cru si bon !...

UN HOMME.

             Allumons-nous des feux
Sur les tours pour donner à tout Paris l'alarme ?

SANSONNET, avec indignation.

L'alarme ? et pourquoi donc ? Quand on est sous le charme
De quatre-vingt-dix francs, on n'a que des vivats
A crier... Serviteurs... bas les armes, soldats...
   (Avec une satisfaction emphatique.)
Quand je suis satisfait, comme un prince en goguette,
Vraiment, je voudrais voir quelqu'un hocher la tête !...
   (Il renvoie tout le monde avec dédain.)

FIN DE L'ÉCOLE DES REPRÉSENTANTS.

LE
COMMISSAIRE MALGRÉ LUI

COMÉDIE

EN DEUX ACTES, IMITÉE DE MOLIÈRE.

La Scène se passe dans les environs de Paris, en 1848.

PERSONNAGES.

Mignon, journaliste sans ouvrage, 25 ans, mise rapée.

M. Robert, 40 ans, mise simple et sévère.

Lucas, propriétaire campagnard.

Ducour, instituteur.

Thomas, domestique à la préfecture.

Dujardin,
La Pomme, } solliciteurs.

3 conseillers municipaux.

1 facteur rural.

1 employé de l'octroi.

1 agent de police.

1 juge de paix.

Phrosine, modiste.

Marceline, servante à la préfecture, femme de Thomas.

LE

COMMISSAIRE MALGRÉ LUI.

ACTE PREMIER.

Le théâtre représente une place publique; au milieu, un arbre de la
liberté. A droite, une maison garnie avec enseigne. A gauche, un
café dont on voit la première salle garnie de tables.

SCÈNE PREMIÈRE.

PHROSINE, seule devant la maison garnie.

Qu'aimer un homme gueux est un métier de chien !
Quelle honte pour moi !... vivre avec un vaurien !...
Alors qu'il me payait bal champêtre et spectacle,
A mes yeux éblouis il parlait en oracle.
Mais depuis qu'il n'a rien, l'horrible vérité
M'a découvert, hélas ! toute sa nudité...
Aux palais, pourquoi Dieu ne m'a-t-il pas fait naître ?
N'aurais-je à mes laquais point su parler en maître ?
Cet outrage envers moi fait douter ma raison
Qu'un Dieu puisse exister se disant juste et bon,

Puisqu'il laisse un enfant, naïve tourterelle,
Se coiffer d'un benet sans argent ni cervelle.
    (Montrant sa mansarde.)
Voyez ce pigeonnier, ce grenier sur les toits...
Et je continuerais à m'y geler les doigts !
C'est par trop sottement vouloir se compromettre ;
Je fuis, et promets bien de ne plus reparaître
Dans ce taudis honteux; mon honneur le défend,
Et dans mon cœur j'élève un trône au sentiment...

SCÈNE II.

PHROSINE, MIGNON, un journal à la main, un coffre sous le
    bras; il entre follement sur un pas de bal masqué.

MIGNON, embrassant Phrosine.

Vive le Château-Rouge et le vin de Champagne !
Vive l'amour, les jeux et ma belle compagne!...
Vieille Olympe des Grecs, sache donc rajeunir
Pour inonder mes jours d'ivresse et de plaisir!...
Vénus, Plutus, Bacchus, et toute la chambrée,
Roulez le cachemire à sa taille cambrée.
A moi des flacons d'or, des laquais, des chevaux.
Esclaves de Monsieur, allumez les flambeaux
Pour le joyeux festin....

PHROSINE.

Mon Mignon perd la tête!...

MIGNON.

Alors, c'est de bonheur! pouvoir parler de fête
Quand on ne possédait que trois prises de corps...

PHROSINE.

Oh, oh! n'aurais-tu plus à craindre les recors?...

MIGNON.

Je ne redoute plus qu'un excès de richesse ;
Si je meurs, ce sera d'une fièvre d'ivresse.
Je triomphe, je suis garçon caissier !

PHROSINE.

                    Vraiment !...

MIGNON.

D'un journal populaire, au succès étonnant.

PHROSINE, enchantée.

D'un journal, cher ami ! Viens, ça... que je t'embrasse !
C'est à recroire en Dieu, pour mieux lui rendre grâce.

MIGNON.

Oui, d'un journal plus grand que le plus grand des rois,
Quatre mètres carrés...
        (Le plaçant autour de ses épaules en forme de manteau.)
                    Il m'entoure deux fois.
Que dis-je, roi ! son front porte douze couronnes.
Planant sur l'univers, il tonne, luit, rayonne...
Regarde, en politique, il a les plus grands noms ;
Nos plus nouveaux banquiers se disent ses patrons,
Et puis, au feuilleton, noble et vaste théâtre,
Des ébats du génie, où la foule idolâtre
Accourt tout affamée, en enseigne, voilà
Tous les noms glorieux que le siècle enfanta.

PHROSINE.

Et c'est de ce journal...

MIGNON.

                    Qu'on dirige la caisse !...

PHROSINE.

A quels appointements ?

MIGNON.

                    C'est ce qui t'intéresse !...

Moitié du bénéfice, est-ce là du bonheur !
Oh ! Français généreux ! gloire à votre valeur !
Dans un sublime essor d'équité sociale,
Vous avez renversé la coupable cabale
Qui de vivre, couché sur un lit gracieux,
Me contestait le droit à jamais précieux.
N'est-ce point travailler que nuit et jour redire,
« Je suis Républicain ! D'un amoureux délire
J'aime la liberté... Haine et mort au tyran,
Au peuple des pavés j'obéis en rampant.
Au lieu d'un, je me fais vingt millions de maîtres;»
C'est le moyen, malgré les jaloux et les traîtres,
D'avoir des gages... là... d'une certaine ampleur.

PHROSINE.

Oh, mon âme ! Oh, mon chat ! paradis de mon cœur !...
En voyant ce trésor dissiper ta misère,
J'éprouve le besoin de faire ma prière,
Pour rendre grâce au ciel des présents qu'il nous fait...
Sur tes appointemens, dis vite, s'il te plaît,
Doux rayons de mes yeux, as-tu pris quelqu'avance ?...
Il serait opportun d'éteindre la créance
Qui te met sous le coup de la prise de corps ?

MIGNON, avec dignité.

Demander de l'argent ?... je mourrais de remords
Si je tendais la main à qui n'a rien encor ?...

PHROSINE.

A qui n'a rien !... Comment ?...

MIGNON.

Journal à son aurore
Place l'espoir plus haut que le comptant perçu.

PHROSINE.

Ce tribun de papier n'aurait-il rien reçu ?

MIGNON.

Si fait : adhésions, signatures en masse;
Tout le monde le prône et lui prédit main-basse
Sur tous ses concurrents...

PHROSINE.

Que lui manque-t-il donc ?...

MIGNON.

Des abonnés payant qui remplissent le tronc.

PHROSINE, désenchantée.

Et quoi ? ce roi puissant qui régente la presse
Se trouve sans le sol ?...

MIGNON, tristement, renversant le coffre.

Interroge la caisse !...

PHROSINE.

Et tu peux t'abaisser jusqu'à ramper ainsi,
Lorsque tu vois partout se caser, Dieu merci,
Dans les meilleurs emplois tes anciens camarades?
Seul, ne saurais-tu rien tirer des barricades?
Nomme-toi receveur de quelque chose.

MIGNON.

Moi.

Tu veux rire !...

PHROSINE.

Comment ! plutôt pleurer, ma foi !

MIGNON.

Je sais à peine écrire.

PHROSINE.

Oh ! si la modestie...

MIGNON.

Un sermon !... A demain la seconde partie.

6

Comme il faut, avant tout, songer à déjeuner,
La gloire ne pouvant remplacer le dîner,
Je venais, cher amour, te prendre deux chemises
Pour payer la fruitière, obtenir des cerises,
Du fromage, du pain, et quelques bons radis.

PHROSINE, avec courroux.

Mon linge à déjeuner, mauvais sujet !...
MIGNON, l'interpellant de son regard.

Tu dis?

PHROSINE, éclatant.

Et pour dîner, gouapeur, où te faudra-t-il mordre?...

MIGNON.

Il nous reste le lit...

PHROSINE, furieuse.

Ah! je mettrai bon ordre,
Vieux propre à rien, à tous ces déménagements...
Gobe-mouche au cerveau qui tourne à tous les vents!
Tu voudrais me duper ainsi que l'on te dupe,
Et par le pantalon faire mener la jupe...
J'ai flairé le dessein de tes pompeux discours.
Caissier de rien du tout, ce sont là de vos tours,
Glouton ! C'est pour manger ma dernière chemise
Que tu viens me vanter la superbe entreprise
D'un journal colossal...

MIGNON.

Sans doute, il a six pans...

PHROSINE.

Tu ne me prendras plus au piége... fainéans
Qui vivez aux dépens de vos femmes...

MIGNON, contenant sa colère.

Ma bonne,
Vous vous donnez des airs qui sentent la friponne.

Votre style me semble incongru, ce matin.

PHROSINE.

Je n'ai tardé que trop à te juger, coquin...

MIGNON.

Encor ! vous plairait-il, chère Anna, de vous taire,
C'est un conseil prudent.

PHROSINE.

                    Et bien propre à me faire
Déchaîner contre toi, mangeur, qui me vends tout.

MIGNON.

Grave erreur; je le donne aux viveurs de bon goût.
A la fraternité je sais être docile.

PHROSINE.

Un enragé fumeur qui ne peut être habile
Qu'à rouler du tabac dans de mauvais papier.

MIGNON.

Je suis fier du talent. Cherche dans le quartier
Un culoteur de pipe ou héros de roulettes
Qui fasse en un quart d'heure autant de cigarettes.

PHROSINE, pleurant.

Beau métier pour qui veut mourir sur un fumier
Dévoré par les vers.

MIGNON.

                    Fanatisme grossier.
Rien comme le tabac n'éloigne la vermine.
N'en fait-on pas brûler pour épurer l'hermine?

PHROSINE, pleurant.

Quatre mois t'ont suffi pour tout boire et manger.

MIGNON, faisant le geste de fumer.

Il faudrait mettre à part ce que j'ai su brûler.

PHROSINE.

Et tu voudrais encor me retenir esclave
Dans ce trou démeublé?...

MIGNON.

Les oiseaux dans leur cage
N'ont pas grand mobilier; ils en folâtrent mieux.
L'amour, l'air, les chansons suffisent à leurs vœux.

PHROSINE.

Un gueux qui me prend tout et me fait aller nue.

MIGNON, s'asseyant avec nonchalance.

Eve, notre grand-mère, était ainsi vêtue.
Moi, j'aime la nature et la tradition.

PHROSINE, sanglottant.

Nous mourrons dans la rue.

MIGNON, allumant son cigare.

Oh ! l'ostentation
Fut par Dieu condamnée et je suis l'évangile.

PHROSINE, pleurant.

On nous verra bientôt mendier par la ville.

MIGNON, fumant.

Diogène le grand n'eut jamais d'autre état,
Et Clopin Trouillefou fut un grand potentat...

PHROSINE, furieuse.

Ah ! le monstre endurci ! rire ainsi de mes larmes !...

MIGNON.

Les pleurs à la beauté prêtent de nouveaux charmes,
Disait un philosophe à l'un de mes parents.

PHROSINE, revenant aux pleurs.

Je me vois dans la rue, exposée aux gros temps,
Vendant du sucre d'orge, en bas couleur de suie,
Et n'ayant sur le dos que la neige et la pluie.

MIGNON.

Tes attraits en auront, amour, plus de fraîcheur.

PHROSINE, ne mettant plus de bornes à sa colère.

C'est l'effet que sur toi font les plaintes du cœur !...
Je saurais faire appel à quelqu'autre éloquence.
Butor, pendard, mandrin ! vrai gibier de potence !
Scélérat, assassin !

MIGNON.

L'assassin est armé,
Et frappe dur.

PHROSINE lui donne des coups sur les épaules.

Quand on ne l'a pas assommé.
Mais la femme reprend son droit égalitaire,
Et sait jouer des poings comme l'homme, son frère.

MIGNON se redresse et lui donne un soufflet.

Me battre ! ah! vous n'avez que le droit de bouder,
Madame.

PHROSINE.

A l'assassin! il va me poignarder !...

SCÈNE III.

LES PRÉCÉDENTS, M. ROBERT, accourant.

M. ROBERT.

Ah ! l'homme dépravé ! maltraiter une femme...

PHROSINE, pleurant.

Et de ménage encor; au péril de mon âme,
Depuis deux ans, Monsieur, je lui fais tout ici.

M. ROBERT, à Mignon.

Oh ! c'est de son devoir montrer peu de souci.

PHROSINE.

Quand je vins, souviens-toi qu'elle fut ta promesse...

ROBERT.

On la devine assez, et la délicatesse
A tout homme d'honneur en sait dicter la loi.

PHROSINE.

Et maintenant, au lieu de me donner sa foi,
Il vend mon mobilier, il m'insulte, m'outrage;
Vous l'avez même vu me frapper...

ROBERT.

Avec rage,
Et pour l'humanité, de honte j'en frémis.
Mais, fiez-vous à moi; dès longtemps j'ai promis
De soulager les maux de l'humaine nature;
Je suis un philanthrope.

PHROSINE.

Ah bah! sa meurtrissure...
Entre époux, serait cas de séparation?
Conduit-elle, entre amans, à réparation?
Né puis-je le sommer de m'épouser d'urgence,
Par devant le notaire et l'adjoint?...

ROBERT, réfléchissant.

Cette instance
Pourrait péricliter, ne l'entreprenez pas,
Car le code civil n'a pas prévu le cas.

PHROSINE.

Et qu'a-t-il donc prévu?... Monsieur, votre assistance
Fait l'espoir de mes jours... Auriez-vous l'obligeance
De demander pour moi quelque prix Montyon?
J'ai déjà tant souffert! cette distinction,
Par ma misère, hélas! n'est que trop méritée...

MIGNON, se ravisant.

Ah bah! Si ma demande allait être écoutée!...

Mettons-nous sur les rangs...

(Haut.)

Souffrir, Monsieur, c'est moi
Qui bois jusqu'à la lie, et des deux mains, ma foi,
La misère et la honte.

ROBERT, très sérieusement.

A détresse si grande,
Il faut deux prix alors... Faites votre demande.
Par vous, d'un grand danger, quelqu'un fut-il sauvé?...

PHROSINE, montrant Mignon.

Lui, par moi, de Clichy et du lit de pavé.

MIGNON, montrant Phrosine.

Madame, de l'ennui, puis de la solitude.

ROBERT.

J'ai le regret encor de dire, sans prélude,
Que Monsieur Montyon n'a pas prévu cela.

PHROSINE, dépitée.

Eh, que prévoit-il donc, le sot?... Ah! brisons-là...
Aux Quinze-Vingts, Monsieur, si l'on me donnait place?

ROBERT.

Aux Quinze-Vingts! Madame; expliquez-vous, de grâce?
La cécité n'a pas obscurci vos beaux yeux.

PHROSINE, montrant Mignon.

Et quel aveuglement fut plus pernicieux
Que celui qui m'a fait coiffer de cette bête?

ROBERT, à part.

Il doit, par quelque crime, avoir monté sa tête

PHROSINE.

Oui, je suis hors des gonds...

ROBERT.

L'homme doit se dompter.

PHROSINE, tendant la main.

Que l'on me donne alors ce qui fait arrêter
Tous nos emportements... Si la philanthropie
Ne vient me soulager, ah! je deviens impie!...

ROBERT, avec dignité.

Le cœur du philanthrope, émissaire du ciel,
Pour tous les maux, Madame, a des torrents de miel.

PHROSINE.

Vous me ferez alors puiser quelqu'assistance
Sur les fonds de l'Etat?...

ROBERT.

Vos titres?... Ah! j'y pense...
Vous aurez entassé sur quelques boulevards
Omnibus et pavés, jeté force pétards
Avec coups de fusils à la force publique?...

MIGNON.

Je n'ai fait que crier : Vive la République!
Pour les armes à feu, je n'avais qu'un journal;
Encor n'a-t-il lancé qu'un prospectus banal.

ROBERT.

Vous avez donc alors, après certain scandale,
Habité, malgré vous, une maison centrale,
Accompli votre temps de cellule...

MIGNON, avec dignité.

Monsieur!

ROBERT.

La justice envers vous n'eut jamais de rigueur?
Vous ne devez alors de l'Etat rien attendre.
Tous les cas sont prévus; il ne vous reste à prendre

Que quelques bons de pain : Bureau de charité,
Ou vous rendre au dépôt de la mendicité.

MIGNON, indigné.

Du pain de charité!...

PHROSINE

Un lit aux incurables!...

MIGNON.

Ce sont là, cher voisin, vos secours charitables?...

ROBERT, avec un calme paternel.

Vous aurez l'Almanach aussi des bons conseils,
Le bon sens de Mesnier, autres livres pareils,
Pour apprendre à trouver la paix de la nature
Dans l'air pur, le pain bis, une simple parure;
La grandeur dans l'amour et la simplicité...

MIGNON, ne se contenant plus.

Et toi, des coups de poing sous mon bras irrité,
Imbécille!...

PHROSINE, le rudoyant.

Faquin, qui n'as que des paroles
Pour les estomacs creux!...

MIGNON.

Vendeur de paraboles,
Lâdre, rêveur!

ROBERT, indigné.

Ah, ciel! On ose injurier
L'homme qui se consacre au bonheur du quartier!

PHROSINE.

Fesse-Mathieu! pendard!...

ROBERT.

Oh fureur!

PHROSINE, le battant.

Je t'assomme.

ROBERT.

Vous vous réunissez pour frapper un pauvre homme,
Vous qui vous haïssiez et vous battiez tantôt...

MIGNON.

Hors d'ici, morbleu!...

ROBERT, battu et berné par tous les deux.

Soit, je ne dirai plus mot;
Mais en partant, du moins, j'ai la douce espérance
D'avoir d'ici chassé la mésintelligence
Et de vous avoir mis tous deux en bon accord;

(Montrant son dos.)

Car, en mesure, là, vous frappez assez fort.

(Il s'éloigne.)

SCÈNE IV.

MIGNON, PHROSINE.

MIGNON, se radoucissant.

Il a raison, l'amour et la paix font la joie.

PHROSINE, souriant avec dissimulation.

Le bonheur d'un baiser aime à suivre la voie,
Et quand le malheur frappe on le supporte mieux,
Si, contre son attaque, on marche deux à deux.

MIGNON, la regardant d'un air solliciteur.

J'aurais à déjeuner une, ou bien deux chemises?

PHROSINE, lui remettant un mouchoir.

Je t'accorde un mouchoir.

MIGNON.

Rien qu'un... point de cerises

En ce cas... Eh bien, soit; le philanthrope a dit :
L'air pur, du pain... j'espère encor, par mon crédit,
Y joindre du fromage et de la confiture.

(Elle lui donne un mouchoir.)

Entre verre et bouteille oubliant toute injure,
Je te becqueterai comme un vrai tourtereau.

(Il sort.)

SCÈNE V.

PHROSINE seule.

PHROSINE parlant, vers l'endroit par où Mignon est sorti, d'un ton de
menace.

Va; je peux oublier; mais, mon bel étourneau,
Ce ne sera qu'après avoir tiré vengeance
De mon mouchoir vendu... monstre ! Quelle indécence
De manger fil à fil ce que donnent les Dieux
Pour préserver du froid...

(Elle réfléchit en promenant.)

Voyons, serait-il mieux
De le faire tomber dans la nuit sur la porte
En plaçant en travers une corde assez forte?...
C'est bien, enfant, cela... mieux vaut dans un journal
Ecrire contre lui quelque article brutal
Pour ruiner le sien... Je dis là rien qui vaille,
Car ce serait tirer sur ma propre volaille.
Je préfère...

(Elle aperçoit Mignon qui entre au café.)

Ah ! que vois-je, au billard, l'effronté
Va boire mon mouchoir mis au Mont-de-Piété,
Au lieu de me porter à déjeuner, le traître !...

SCÈNE VI.

PHROSINE, DUCOUR, grand chapeau rabattu, redingote
    brune, un livre sous le bras.—LUCAS, veste ronde, panta-
    lon gris.

DUCOUR.

Oui, mon brave Lucas, c'est à n'y rien connaître;
Les élèves s'en vont folâtrer sur mon banc,
Ils prétendent voir noir où Lhomond a mis blanc.

LUCAS.

Et chez nous, les blaireaux dévorent mes groseilles,
Les gamins font un bruit à fendre mes oreilles,
Nos chemins vicinaux ne sont plus que torrents,
Le blé ne se vend pas, mon bœuf a mal aux dents.

PHROSINE, à part.

De ce mangeur, pourtant, il faut que je me venge!...

LUCAS.

On ne sait plus que faire, hélas! de la vendange.

DUCOUR.

Et tout cela depuis qu'on chassa le préfet,
Que l'on a tout détruit, et rien encor refait.
Soleil de février! quand pourras-tu nous rendre
Un administrateur osant tout entreprendre,
Qui sache ramener l'ordre dans le canton,
Remettre les enfants sous le joug de Lhomond?

LUCAS.

Faire enchérir le blé.

DUTOUR.

Raffermir les études.

LUCAS.

Chasser de mon bercail toutes sollicitudes.

PHROSINE, promenant toujours sans les apercevoir.

Voyons, par quel moyen pourrais-je le vexer?

DUCOUR, sans voir Phrosine.

Lucas, puisque Paris vient de tout expulser,
Rois, ministres, soldats, profitons de la chance
Pour tout faire nous-mêmes. Avec hâte et prudence,
Choisissons un préfet, ainsi qu'il nous le faut,
Qui sache maintenir nos actions bien haut.

PHROSINE, le heurtant.

Ah!... Monsieur, comme moi, cherche-t-il quelque chose?...

DUCOUR.

Ce pays du bonheur a compromis sa dose
Par la perte d'un homme, hélas ! bien regretté.

LUCAS.

Qui laisse le canton dans la perplexité.

DUCOUR.

Dans la prostration.

LUCAS.

Presque dans la misère !

PHROSINE

Et vous cherchez cet homme?

LUCAS.

Ou bien un sien confrère
Capable, au premier chef, de nous administrer.

PHROSINE.

Cet homme était ?

LUCAS.

Préfet et fit tout prospérer,
Foires, chemins, budgets.

DUCOUR.

Ecoles...

LUCAS.

Presbytères.

DUCOUR.

Maintint l'ordre partout !

PHROSINE, frappée d'une idée subite, à part.

Oh! les charmants compères

S'ils voulaient de mon drôle aider à me venger ?...
  (Haut.)
Calmez votre douleur, on peut vous soulager...

DUCOUR.

Que dites-vous?...

LUCAS.

Ce bourg aurait-il un tel homme ?...

PHROSINE, avec importance.

Disponible, et savant fameux; il vient de Rome
Pour apprendre à semer chemins de fer, canaux,
Comme un enfant crayonne un rond sur les carreaux.

LUCAS, surpris.

Des canaux, dites-vous?...

DUCOUR.

Des chemins où l'on glisse,

PHROSINE.

Fabriqués dans le temps qu'on mange un pain d'épice.
Avec cela qu'il fait pleuvoir de l'or partout...

LUCAS.

Pleuvoir de l'or!...

PHROSINE.

Et puis, seul, il viendrait à bout
Avec quatre escargots de labourer la terre,
D'établir un rail-wail sur l'eau de la rivière;

Avec des lampions d'éclipser le soleil,
De mettre l'harmonie au sein de tout conseil,
De jeter dans la nuit des torrents de lumière,
De changer en palais le moindre presbytère,
Les chardons en pommiers, les cailloux en pain blanc;
D'aller prendre, en un mot, la lune avec les dents
Pour le bonheur public...

LUCAS, ébahi.

Parlez-vous bien sans rire?

DUCOUR.

Nous allons, de bonheur, tomber dans le délire.

PHROSINE.

Ecoutez... cette ville, en certains mauvais jours,
De ses budgets avait bouleversé le cours ;
En perdant par hasard ses livres et sa caisse,
Vainement, un grand mois, on les chercha sans cesse.
Enfin on vint à lui... « la caisse, la voilà, »
Dit-il, montrant un arbre...

LUCAS.

Et juste, elle était là ?

PHROSINE.

Comme vous sur vos pieds.

DUCOUR.

Quel homme de finance!

PHROSINE.

Ferme dans ses desseins, il brûlerait la France,
Pour en extraire l'or utile à ses projets.

LUCAS.

C'est le Colbert qui doit prendre les intérêts
Du canton malheureux qui nous envoie en quête.
Où le trouverons-nous?...

PHROSINE.

Là, dans cette guinguette.

DUCOUR.

Un homme de son rang hante le cabaret?...

PHROSINE.

Après les grands efforts de tête, le clairet
Réveille les esprits... et loin d'être avilie
Notre âme s'échauffant met la gloire en saillie.

LUCAS.

Il boit donc comme nous?

PHROSINE.

Eh là, peut-être mieux...

DUCOUR.

De voir ce grand buveur nous sommes curieux.

PHROSINE.

Celui que le génie inspire à fortes doses
A boire nous instruit comme en tout autres choses!
Et n'allez point penser qu'il soit jamais oisif...

LUCAS.

Il travaille en buvant?...

PHROSINE.

Et d'un travail actif.
Bien muni de papier, de tabac, d'allumettes,
Il fabrique sans fin des tas de cigarettes...

LUCAS.

A quelle fantaisie un homme est-il sujet !

PHROSINE.

Calcul d'économiste en faveur du budget.
De l'impôt indirect il presse les rentrées.

LUCAS.

Vous pensez qu'il voudrait à nos pauvres contrées

Rendre par ses talents le bonheur compromis.

PHROSINE.

Tout d'abord, il pourrait ne pas être soumis;
Vous devez le savoir. Toujours quelque manie
Tache sur quelque point le soleil du génie!
Et son caprice va jusqu'à prendre plaisir
A nier ses talents...

LUCAS.

Ah! cela fait souffrir.

PHROSINE.

Oui, vraiment, mais il est moyen de le réduire.
On peut sur son courage affirmer, sans médire,
Qu'il n'est pas un Achille, un Bayard; mon Dieu... non.
S'il résiste, il le faut menacer de prison,
Lui parler de recors et de lettres de change.
Vous voyez aussitôt son visage qui change.
Puis, à tous vos désirs, il cède comme un gant.

DUCOUR.

Serait-il endetté?...

PHROSINE.

Fi! lui, par qui l'argent
Se fabrique en un rien comme la confiture.
Cette peur du recors est manie.

LUCAS.

On l'assure;
Mais s'il n'avait pas peur?

PHROSINE.

Alors, haussant le ton,
« En garde! à douze pas!» Vous demandez raison?

LUCAS.

Raison de quoi?

7

PHROSINE, après hésitation.

        Parbleu! de ne pas vouloir être
Le préfet qu'il vous faut...

LUCAS, montrant sa valise.

            Ah bah! j'ai là peut-être
Deux pistolets!... C'était pour chasser les voleurs
Et non pour découvrir des administrateurs
Que je les avais pris... Mais il suffit, Madame,
Puisque tout dépendra de la peur qu'en son âme
Nous saurons soulever... Le grand homme est à nous...
(Ils vont rôder autour du café, regardant tantôt par la porte, tantôt par
la fenêtre.)

PHROSINE.

Je vais, enfin, pouvoir soulager mon courroux.
    (Elle sort.)

SCÈNE VII.

LES PRÉCÉDENTS, sur la place publique, MIGNON, une
    bouteille de bière à la main, vient sous l'auvent du café,
    comme s'il sortait de l'estaminet. Il s'assied devant une
    table, y dépose une grande blague de papier et se met à
    rouler son tabac en buvant. Il étend une lampe sur une
    chaise, une autre sur une banquette.

MIGNON, chantant.

    Phrosine aime les cerises;
    Je préfère l'écarté.
    Je mets au Mont-de-Piété,
    Par deux, toutes ses chemises;
    La laissant seule jurer,
    Je viens me désaltérer.
(Un garçon apporte une seconde bouteille.)

Verse garçon; j'ai tout un mouchoir de crédit.

LUCAS, le regardant par la porte.

C'est lui! Buvant ainsi, qu'il doit avoir d'esprit!...

MIGNON, s'allongeant.

Verse encor! nous avons une fatigue extrême
A chercher, du travail, le pénible problème.
Reprenons du courage, en jetant force rhum,
Le matin et le soir dans le Capharnaüm.

DUCOUR, le regardant par la porte et se présentant avec Lucas.

C'est lui-même! jamais le talent le plus rare
N'emprunta tant d'éclat au flambeau du cigare.

MIGNON, d'un ton dédaigneux.

Que veulent ces paysans?...

LUCAS, à Ducour.

Quel ton supérieur?...
Comme il traite les gens de toute sa hauteur.

MIGNON, à part.

Ce salut humble et bas cache une âme peu fière;
Ces nigauds ne sont bons qu'à brasser de la bière.

DUCOUR, à Mignon.

Monsieur, n'est-ce pas vous qui vous nommez Mignon?...

MIGNON, faisant des cigarettes.

C'est selon; tout dépend de votre intention.
Que voulez-vous de moi?...

LUCAS.

Rien qui ne soit honnête.

MIGNON.

Alors, je suis Mignon.

DUCOUR crache, tousse, se pose et débite avec emphase.

Comme on voit la planète

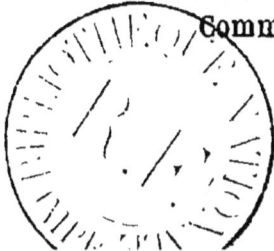

Ne jamais éclairer si fort que le soleil,
Malgré que... par pudeur... cet astre sans pareil
Voile son vif éclat sous un épais nuage...

MIGNON, l'interrompant.

Allons au fait, mon cher, et tournez cette page.

DUCOUR, un peu dérouté.

Sous un sombre...

MIGNON.

Quoi donc ?...

DUCOUR.

Ne m'interrompez pas.

De même, grand Mignon, les sublimes appas
De votre esprit sans fond...

(Hésitant.)

Répandent la lumière,

Du fond de cette chambre... où l'on vend tant de bière,
Et le public fait dire aux échos du canton,
Le retour du crédit dépend du grand Mignon...

MIGNON, flatté, se lève.

Oh! Oh! le grand Mignon... les appas... la lumière.
Tiens, comme un brin d'esprit, sous l'écorce grossière
Aime à se dérober. Vous dites, cher Monsieur ?

DUCOUR.

Que vers vous nous venons, comme vers un sauveur
Dont la vive auréole a traversé l'espace...

MIGNON.

Et pourquoi cela ?

DUCOUR.

Pour vous demander la grâce

D'apporter au pays qui succombe endetté
Un rayon bienfaisant de votre habileté.

MIGNON.

Habileté!... Si de paquets de cigarettes
Vous venez faire ici d'importantes emplettes,
Je pourrais, Dieu merci, vous servir à souhait ;
Jamais en un matin je n'en avais tant fait.

DUCOUR.

A rouler du tabac, hélas! est-il possible
Qu'un homme de talent...

MIGNON.

        Tout trafic est pénible ;
Mais il faut vivre, enfin... je ne compte mon temps,
Le tabac mis à part, que deux francs pour huit cents...

LUCAS.

Monsieur, on est confus !...

MIGNON.

        Pas un sol de remise,
De fournir notre armée eussiez-vous l'entreprise.

DUCOUR.

Plus de détours ! En vous nous savons deviner
Le grand ingénieur, l'habile financier.

MIGNON, surpris.

Ingénieur! Moi qui ne fais que des brioches.
Financier ! Moi qui n'ai que dix sous dans les poches.

LUCAS.

Mépriser son talent !...

DUCOUR.

        Ah! rendez, par pudeur,
Justice à votre gloire, et gloire à votre honneur.
Vous qui fûtes préfet pendant quatorze années,
Dans l'Indre, l'Aveyron, les Hautes-Pyrénées.

MiGNON.

Moi, préfet, dites-vous ?

LUCAS.

L'avez-vous oublié?...

MIGNON, haussant les épaules.

De vos contes en l'air, Messieurs, j'ai pitié.

DUCOUR

Contes en l'air ! Des faits certains et sans réplique !
Un préfet qui tripla la fortune publique
Eu donnant valeur d'or à des bons de papier.

MIGNON, à part.

Ils tiennent à vouloir de moi faire un banquier.
Messieurs, je donne ici la formelle assurance...

DUCOUR, bas à Lucas.

Maniaque obstiné... Lucas, à l'ordonnance
Il faut avoir recours.

LUCAS, à Mignon.

Monsieur, cette candeur
N'a plus cours aujourd'hui. J'aime peu la rigueur;
Cependant, s'il la faut employer pour réduire
Votre obstination...

MIGNON.

Quoi donc, j'irai vous dire :
Je suis homme d'état, préfet, ingénieur...
Me croyez-vous au bal jouant le débardeur
Pour m'intriguer ainsi ?...

LUCAS.

Vous refusez encore.

MIGNON.

Quel caprice... Il voit tout comme ma tente aurore
Par un prisme enchanté.

DUCOUR, bas à Lucas.

Faut-il donc en venir,
Lucas, aux grands moyens ?... Voyons s'il va pâlir
Sous les coups réunis de trois lettres de change...
(Haut à Mignon d'un ton menaçant.)
Vous le voulez, Monsieur! alors le rôle change.
Au lieu de supplier nous saurons disputer.

LUCAS

Après avoir souri nous allons *protester*...

MIGNON, effrayé de ce mot.

Protester, eh ?...

LUCAS.

Quoi donc ?...

MIGNON, inquiet.

Comment, vous osez dire?...

DUCOUR.

Que nous ne voulons plus, Monsieur, songer à rire;
Mais bien nous occuper de vous mettre en prison.

MIGNON, pâlissant.

En prison !...

LUCAS, s'applaudissant du succès, bas à Ducour.

Le remède agit; elle a raison
La femme de tantôt. Quelle pâleur !... Va, pousse.

DUCOUR.

Oui, Monsieur; en prison.

LUCAS.

Par ma foi, la secousse
De la prise de corps opère comme il faut.

DUCOUR, lui montrant des billets.

Protet du dix janvier pour M. Avrillaut,

Un autre du trois mars pour Madame Lacrêtre,
Troisième du six août...
(MIGNON qui a cherché de droite et de gauche une issue pour s'échapper.)
Ah ! par cette fenêtre !...
(Il met le pied sur la table et veut sauter par la croisée; Lucas et Ducour le retiennent.)

DUCOUR.

Halte-là ! nous marchons de par la loi, Monsieur.

LUCAS.

Nous sommes...

MIGNON.

Je le vois, des recors... exacteur !
Demander de l'argent à qui n'a pas de cuivre.

DUCOUR.

M'insulter ! En prison pour vous apprendre à vivre.

MIGNON, se ravisant.

En prison !... Cependant !... et si j'étais préfet.

DUCOUR, s'inclinant.

Oh ! si Monsieur consent, à lui tout mon respect.
Le talent, je le sais, a toujours ses caprices;
Mais de l'entêtement il ignore les vices.

MIGNON.

Ainsi, je suis préfet ?

DUCOUR.

Sans doute... et des plus forts.
Pour réussir on vous connaît certains ressorts.

MIGNON.

Bien sûr!

LUCAS.

Devons-nous donc vous rendre la mémoire?
Une inondation dans le val de la Loire

Avait en un instant détruit tout un chemin.
Monsieur court, voit, mesure; et dès le lendemain
Une ligne de fer sillonnait les vallées
Avec deux viaducs, chacun de vingt culées.

MIGNON.

Voyez cela...

(A part.)

Ces gens sont fous...

LUCAS.

             Tout près d'ici
Une pauvre commune était mise en souci
Par la perte du tronc où dormait sa finance.
Le conseil en sanglots pleurait son indigence...

DUCOUR.

Vous arrivez, et le nez fin comme un sorcier :
« Le tronc de vos écus ! il est là tout entier, »
Dites-vous en montrant à certaine distance...
Un arbre... On creuse, on trouve une cassette immense...
Un quidam disait bien : Messieurs, elle est à moi !
Toute prise sera toujours de bon aloi,
Dites-vous, quand l'état en fera son affaire;
On l'emporte avec soin, on prend le numéraire.
Et, depuis ce jour-là, le budget est à jour...

MIGNON, avec admiration.

Dans l'intérêt public j'ai fait, moi, ce bon tour.

LUCAS.

Depuis dix mois à peine.

DUCOUR.

           O célèbre grand homme
Qui vient d'étudier les ponts de fer à Rome...

LUCAS.

Les routes à Venise...

DUCOUR.

A Naples les canaux!

MIGNON.

Vraiment!

LUCAS.

Nous savons tout, vous voyez;

MIGNON, haussant les épaules, à part.

                                        Marivaux
N'eût pas mieux fait parler Agnès la précieuse.

LUCAS.

Vous cédez à nos vœux?

MIGNON.

                        La chose est curieuse!
Si je vous écoutais je serais un vaurien;
Je veux être enterré si je fus jamais rien.
C'est assez loin pousser cette plaisanterie.

LUCAS.

Nous plaisantons...

MIGNON, se rasseyant.

                Laissez-moi fumer, je vous prie.

DUCOUR, résolûment.

Ah! l'on me prend pour dupe! eh bien, soyons recors!
Voyons si l'on résiste à la prise de corps.

LUCAS.

En prison sur le champ!...

MIGNON.

                    Aie, aie!... Mais non, j'y pense,
Une nouvelle loi me prend sous sa défense.
     (Les saluant d'un air moqueur en leur montrant un journal.)
Grand merci, chers Messieurs, de l'invitation...
De défier Clichy j'ai la permission.

Depuis certain décret chargé de rendre hommage
A sainte liberté...

DUCOUR, interdit.

Dit-il vrai?

MIGNON.

Bon!

LUCAS

J'enrage...

Nous voilà déboutés.

MIGNON, leur présentant des verres.

Je vous fais mes adieux.

Si ces Messieurs voulaient lever la main aux cieux,
Nous porterions un toast à la lettre de change.

DUCOUR.

Du mépris!... Ah! crains donc que l'outragé se venge!
Insolent! je t'attends ici près sous ce pont
Pour laver...

MIGNON.

Quoi! dans l'eau?

DUCOUR, l'entraînant, un pistolet sur la gorge.

Dans le sang cet affront

MIGNON, sautant en arrière.

Dans le sang... enragés!...

DUCOUR.

A trois pas de distance.

(Prenant la main de Lucas.)

Si je meurs, de ma mort tu dois tirer vengeance.

MIGNON.

Deux contre un! En ce cas, c'est un meurtre, bourreau!...
(Criant.)
A la garde!

DUCOUR.

Veux-tu voir jaillir ton cerveau?

MIGNON, entrainé par Lucas et Ducour.

Ah! vous ne pourrez pas tuer un honnête homme!...

LUCAS,

Nous fabriquerez-vous des rails-wails comme à Rome?

DUCOUR.

Reuoncez-vous, eufin, à toujours contester
Vos talents?

MIGNON.

Il faut bien, Messieurs, vous contenter...

LUCAS.

Vous revenez préfet?...

MIGNON.

Duc, si c'est pour vous plaire,
Prince même, cela dût-il peu satisfaire
Le décret qui jura haine à la vanité...

LUCAS, s'inclinant profondément.

Nous sommes fort marris de la sévérité
Dout vos premiers refus ont provoqué l'usage.
Mais nous saurons, Monsieur, dissiper ce nuage
Par l'amour, le respect et l'admiration...

MIGNON.

Au fait... que voulez-vous?

DUTOUR.

Remettre à l'unisson
Notre nouveau conseil.

MIGNON.

Je sais peu la musique,
Mais nous achèterons une vielle harmonique
Pour faire tout marcher au pas...

LUCAS.

Il faut encor
Extirper le cancer qui ronge le trésor ;
De rails et de canaux sillonner la contrée,
Et vous serez content de nous, dès votre entrée.

MIGNON, prêtant l'oreille.

Vous dites?...

LUCAS.

Sans compter vos bons appointements
de Préfet, nous saurons bien payer vos talents.

MIGNON, étonné.

Me payer, dites-vous?

DUCOUR.

Selon votre mérite
Vous gaguerez de l'or.

MIGNON.

Dès demain?

LUCAS.

Tout de suite.

MIGNON, avec résolution.

Je suis Préfet, Messieurs, vous aviez bien raison...

DUCOUR.

Les caprices, enfin, quittent votre maison.

MIGNON.

Je vous suis à l'instant où gît la Préfecture?...

DUCOUR.

Nous y serons rendus en une heure en voiture.

MIGNON.

Nous allons en voiture?

LUCAS.

Avec quatre chevaux

De poste.

MIGNON.

Moi, qui n'eus jamais de tombereaux,
Je ferais des façons! Ah, maudite mémoire!
Je suis préfet, Messieurs; préfet, je m'en fais gloire,
Auditeur au Conseil; référendaire aussi...
Vingt mille francs par an!... Messieurs, passez ici,
Devant moi, le front haut et la taille cambrée;
Déblayez le chemin, remplacez ma livrée,
En criant assez fort, à travers le canton :
Vive notre Préfet! Vive Monsieur Mignon!
      (Les arrêtant.)
Attendez, il est bon à neuf de tout refaire
Quand on veut imposer... Nommez-moi commissaire!
Ce mot est d'un effet beaucoup plus éclatant,
Et par suite demande un meilleur traitement.

DUCOUR.

Qu'il a d'esprit, Lucas! Vive le commissaire!

MIGNON, avec dignité.

Il faut même ajouter par extraordinaire!...

LUCAS.

Tout ce qu'il vous plaira.

MIGNON.

Mais, j'y songe, autrefois,
Des préfets, au ministre appartenait le choix.

DUCOUR.

Oui, jadis; mais depuis que le peuple les chasse
Avec bruit de chaudron, comme on fait d'un paillasse,
Ce même peuple doit, par la même raison,
Pouvoir en choisir un comme on fait d'un oison
Au marché... Nous avons fait choix, en conscience,
Et le pays sera content de nous, je pense.
                              (Ils sortent.)

ACTE SECOND.

(Le théâtre représente un grand salon de réception à la Préfecture.)

SCÈNE I.

MIGNON, seul, écoutant et regardant autour de lui; il porte l'habit de cérémonie avec une écharpe et une rosette.

Rien encor! je suis seul comme un as de carreau.
Ils me prennent, je crois, pour le roi soliveau!
Trois heures de silence et d'attente inutile!
Restez-là, m'ont-ils dit, nous allons, par la ville,
Réunir les Conseils et les autorités,
Vous faire recevoir leurs saluts répétés.
En attendant, passez votre grand uniforme,
Préparez d'un discours et le fond et la forme...
Est-ce *embêtant* cela !... Vont-ils s'imaginer
Que pour vingt mille francs j'aille tant me gêner?
Si je pouvais, pourtant, par un an d'esclavage
Payer mes créanciers et racheter mon gage...
Il faut y réfléchir! Quel serait mon bonheur
De reprendre mon train chicard de grand viveur,
Sans plus craindre recors, protets à l'échéance!
Que je saurais alors crier : Vive la France !
Qui s'empresse d'offrir aux débiteurs gênés
Très fraternellement des emplois bien payés!...

Oui, mais en attendant, je suffoque et j'enrage!
Un habit boutonné qui me met tout en nage.
(Il ouvre son habit, son gilet, et les dépose.)
Mais, je suis seul, du joug sachons nous dégager,
Personne ne me voit, pourquoi me déranger...
Délice de mes jours, sans façon adorable,
(Etendant ses bras et s'asseyant sur une table, les pieds sur des fauteuils.)
Volupté sans remord, cigare délectable,
Qu'il est doux d'aspirer, couché sur des divans,
Ces flocons de fumée en spirale montans.
Puis, à l'estaminet, dans l'atmosphère épaisse,
Voir renaître, mourir, se rallumer sans cesse
Ces milliers de brûlots, ainsi qu'au firmament
Etincelle l'étoile en joyeux ver luisant...
Comme l'on parle bien quand l'âme est exaltée!

SCÈNE II.

MIGNON, MARCELINE, entrant par la gauche.

MIGNON.

Mais, que vois-je? une femme à la voix enchantée
Vient charitablement adoucir mon ennui...
(Courant à elle avec familiarité.)
Salut à la beauté... Venez.

MARCELINE, à part.

Ce n'est pas lui.

(Haut.)
Quoi! dans le grand salon, un de nos domestiques,
Ainsi tout débraillé!...

MIGNON, la retenant.

Hein! tu philosophiques,
Avec un tel minois!... Ecoute, j'ai besoin
D'une femme de cœur qui de moi prenne soin,

Charme l'isolement de mon triste servage...

MARCELINE.

Je suis prise, Monsieur, aux nœuds du mariage.

MIGNON.

Très faible objection dont je suis peu touché.
Viens, accepte toujours; ton amour détaché,
Dans huit ou quinze jours, par la loi du divorce,
Libre, te permettra de mordre à mon amorce.

MARCELINE.

Le divorce ! Il est fou !...

MIGNON.

Non pas, je suis préfet.

MARCELINE veut s'enfuir.

Le préfet, juste ciel!...

MIGNON.

Quel regard stupéfait!
Approche donc. Ma mine est-elle si méchante?...
J'ai pour la radoucir vingt mille francs de rente.
Je t'en offre une part.

MARCELINE, se rapprochant.

Moi, part à votre argent!
Comme femme de charge?...

MIGNON.

Oh, langage innocent!...
Non; pour organiser, jeune vésuvienne,
Les fêtes du préfet à la parisienne.
Avec ordre aligner nos joueurs, nos danseurs,
Tenir le tabac prêt à nos joyeux fumeurs,
Trop absorbés par l'art de lancer la fumée,
Pour pouvoir regarnir leur pipe consumée.

8

Tu dois servir le vin, la truffe à nos gourmets,
Entretenir un feu constant sous tous les mets,
Répandre les parfums dans ma tiède ruelle,
Et diriger enfin l'œuvre passionnelle...

MARCELINE, séduite.

Ces travaux semblent être assez peu fatigants.

MIGNON.

Tu consents ?

MARCELINE.

Quels seront mes gages ?

MIGNON.

Mille francs,

MARCELINE.

Quoi, mille francs !...

MIGNON.

Parbleu ! la grandeur sociale
De cette fonction fut toujours colossale;
Et chez le grand sultan, l'intendant des plaisirs
Touche cent mille écus. Hélas! quels déplaisirs
De ne pouvoir payer autant mon chef d'office ..
Mais il nous faut savoir faire ce sacrifice
A l'amour des humains et de la liberté...
Que le café surtout soit toujours bien traité!
C'est un point essentiel... Sois tranquille, j'espère
Par quelqu'autre faveur te rédimer, ma chère.
Pour arrhes, sur ta joue on dépose un baiser.
    (Il l'embrasse.)

SCÈNE III.

LES PRÉCÉDENTS, THOMAS.

THOMAS, s'arrêtant surpris.

On embrasse ma femme !...

MARCELINE effrayée.

Ah !

THOMAS.

Peux-tu t'abaisser

Jusqu'à souffrir cela, coquette trop docile,
Et d'un valet encore !...

MIGNON, toujours déshabillé.

Que veut cet imbécille ?

MARCELINE.

Imprudent, maltraiter ainsi notre préfet !

THOMAS, altéré.

Le préfet !...

MARCELINE, avec fierté.

Dont je vais diriger le buffet.
Il m'offre mille francs. Quelle excellente aubaine !...

MIGNON, avec suffisance.

Et Monsieur fait du bruit !...

MARCELINE.

Sans compter quelqu'étrenne.

THOMAS.

Mille francs, c'est très beau !... Mais pourquoi t'embrasser ?

MARCELINE.

De mes nouveaux devoirs il voulait me tracer
La route...

THOMAS.

Tu sais bien être femme de chambre.

MIGNON.

Ma servante ! Fi donc !...

MARCELINE, à Thomas.

Il va bien te surprendre.

MIGNON, d'un ton doctoral.

Sur l'homme nous avons aboli tout trafic.
La servante devient un employé public ;

Madame prendra rang dans l'arme volcanique.

THOMAS.

Ma femme dans l'armée!...

MARCELINE.

Oui, mon gros, je m'en pique;
Lieutenant commandant l'escadron du plaisir.

THOMAS.

Lieutenant! Ton mari serait alors?...

MIGNON.

Visir

Des pâtissiers dodus, ou bien des tournebroches,
Selon les goûts innés qu'il porte dans les poches.

THOMAS.

Visir... cela doit être un excellent emploi!...

MARCELINE.

Tu le verras, mon cher, au traitement.

THOMAS, enchanté.

Oh! moi,
Je suis déjà charmé. Dieu! Faire des brioches
Et mettre des gâteaux dans de grandes sacoches!
    (Faisant le geste de manger.)
Après avoir à tous demandé s'ils sont bons!...
Moi, général en chef de tous les marmitons;
Toi, colonel du feu, des vins et du cigare;
Mais je vais de ce pas accorder ma guittare
Pour chanter sur Malbrouk ce triomphe charmant!...
    (On entend un grand bruit de pas au dehors.)
Quel est ce bruit?

MIGNON, embarrassé.

On vient... dans cet accoutrement,

Je ne puis exhiber monsieur le commissaire...
(Il prend son habit, son écharpe, et sort à droite.)
Ah! dans ce cabinet!...

SCÈNE IV.

LES PRÉCÉDENTS, LUCAS, DUCOUR conduisant les conseillers municipaux et les employés de tous les services...
DUJARDIN, LAPOMME.

DUCOUR.

Entrons au sanctuaire;
Que chacun à son tour, avec ordre introduit,
Fasse un profond salut, sans tumulte et sans bruit.
(Il les fait ranger en demi-cercle.)
Considérez son front; il porte quatre bosses
Empreintes du cachet indiquant les colosses.

LUCAS.

Examinez son œil d'un regard scrutateur,
Vous en verrez jaillir le feu rénovateur.

DUCOUR.

Mais le voici. Combien sa démarche est pensive!...

MIGNON, rentrant le front baissé.

Ah! vous voilà, Messieurs!...

DUCOUR, d'une voix éclatante.

Notre ville, attentive
A rendre ses devoirs au Préfet de son choix,
Vient vous féliciter par ma trop faible voix...

MIGNON.

Faible cela, vraiment! ce timbre à basse taille
Aurait de Jéricho fait tomber la muraille.

DUTOUR, du même ton.

Mon larynx fatigué... d'un subit enrouement...

MIGNON, à part.

Devenez, s'il le faut, muet subitement.
Ou ma tête...
                    (Haut.)
Longtemps je me suis fait attendre.
Mais depuis ce matin je travaille à répandre
    (Avec embarras.)
Sur les derniers tableaux de l'exportation
Les rayons... lumineux... de l'importation.
Combinant... *in petto*... l'œuvre Malthusienne
Avec le doute inné de la Carthésienne,
Je voulais balancer... équilibrer... peser...
Ces Messieurs voudraient-ils un peu se reposer?
    (A part.)
Que puis-je donc peser, balancer, diable emporte
Si je sais!... Eh! laquais, fermez donc cette porte!...
Couvrez-vous, s'il vous plaît, le docteur Dubelair
Ordonne d'éviter surtout les courants d'air...

LUCAS, étonné.

Le docteur Dubelair!

MIGNON.

L'hygiène fouriériste
De ses bons procédés met aussi sur la liste
De tenir ses pieds chauds... Approchez-vous du feu.

DUCOUR.

L'hygiène de Fourier...
                    (A part.)
                    Racontez-nous un peu...
Dans quel chapitre il a donné cette recette.

MIGNON.

Dans sa théorie A plus B de la chaufferette,

Série O, problème 1 des rhumes de cerveau...

DUCOUR, se couvrant.

Puisque Fourier le dit, je mettrai mon chapeau.

MIGNON.

Je connais les devoirs de ma charge nouvelle
Et je consacrerai toute cette cervelle,
   (Il se frappe le front.)
Mes chers administrés, à vous prouver combien
Mignon, le commissaire, était né pour le bien...
Mais seul que pourrait-il... Aussi, vient-il d'urgence
Réclamer chaudement une active assistance
Des hommes qui, jadis dans l'ornière poussés,
Du nom de sous-préfet vivaient stygmatisés,
Mais que le grand courant des faits humanitaires
Fait nommer aujourd'hui premiers sous-commissaires.
Pour leur rendre d'abord l'honneur qui leur est dû,
   (Saluant Dujardin et Lapomme.)
Je m'incline et leur dis. Oui, je me suis rendu
Parmi vous en bon frère, en ami, plus qu'en maître,
Pour bien... approfondir.... examiner... connaître
Les besoins du pays que vous administrez.
Collègues, mes amis...

DUJARDIN.
      C'est une erreur! Souffrez...

MIGNON, poursuivant.

Autrefois, Sous-Préfets...

LAPOMME.
      Cet insigne avantage
Jamais ne nous échut...

MIGNON, irrité.
        Ouais! quel est ce langage?...
Vous ne fûtes jamais Sous-Préfets...

DUJARDIN.

Non, vraiment.

MIGNON, avec despotisme.

Quoi! si peu de mémoire!...

DUJARDIN.

Est-ce ironiquement?...

MIGNON, se précipitant sur Dujardin, à part.

Sois sous-préfet, te dis-je, ou ta lettre de change
Sur l'heure est protestée.

DUJARDIN, effrayé.

Oh, ciel !...

MIGNON.

Et je te range
Parmi les débiteurs que l'on mène en prison...

DUJARDIN.

Quel despote enragé!...

MIGNON, à Lapomme.

Quant à toi, mon garçon,
Aimes-tu mieux Clichy qu'une sous-préfecture?...

LAPOMME, à part.

Quel homme! il est sorcier! Comme il sent la blessure
Qui me rend si boîteux...

(A Mignon.)
Point de Clichy, Monsieur.

DUJARDIN.

Grâce! je dois demain faire épouser ma sœur.

MIGNON.

Etes-vous sous-préfets?...

DUJARDIN, hésitant.

Mais la délicatesse

Ne permet pas...

MIGNON.

Encor! trève de politesse.

(Leur mettant un pistolet sur la gorge sans être aperçu du public.)

DUJARDIN.

Quel caprice, ô mon Dieu!

LAPOMME, à haute voix.

Nous sommes sous-préfets...

TOUS LES EMPLOYÉS.

Sous-préfets...

LUCAS.

Ils sont fous!...

MIGNON, aux employés.

Vous êtes stupéfaits.

(Leur présentant Dujardin avec solennité.)

Depuis dix ans ainsi que moi, sans qu'il s'en doute,
De l'administrateur il parcourait la route.

(Leur montrant Lapomme.)

. Lui, depuis quatorze ans... Asseyez-vous tous deux,
Du génie en vos cœurs je vais souffler les feux...

(Ils s'asseoient devant lui; il met sa main sur leur
front et leur fait des passes magnétiques.)

Don de seconde vue et de somnambulisme,
Raide catalepsie, extase, illuminisme,
Qui faites tout savoir sans qu'on ait rien appris,
Tout voir les yeux fermés... à leurs regards surpris
Apparaissez brillants d'évidence palpable.
Jamais de l'esprit saint le secours charitable
Ne fut plus nécessaire aux administrateurs,
Qui nés d'hier, au soleil des grands réformateurs,

Promettent de jeter le vieux monde en poussière
Et de faire jaillir du chaos la lumière...
Maintenant, me trouvant de sous-préfets armé,
Croyez-moi, de vous plaire impatient et charmé.
De quoi vous plaignez-vous?...

TOUS.

Hélas, de la misère!
Du chômage!

MIGNON,

.Tant mieux! dans mon amour sincère
Pour le bien, je voudrais, afin que mon savoir
Fît éclater ici son immense pouvoir,
Que le pays n'eût pas de pain pour trois semaines,
Que l'inondation eût ravagé vos plaines,
Effondré vos chemins; que de tous vos troupeaux,
Par la peste détruits, vous n'eussiez que les peaux;
Que le crédit enfin, tombant de baisse en baisse,
Ne laissât pas six francs à puiser dans la caisse.

DUCOUR.

Ah! vos souhaits ne sont que trop bien exaucés!

MIGNON, triomphant.

Aurais-je raison?

LUCAS.

Oui, nous sommes bas percés;
Interrogez plutôt notre illustre malade.
(Il fait signe à quelques personnes qui sortent.)

MIGNON.

Illustre... Il fut blessé sur quelque barricade?
Nous le décorerons.

LUCAS.

Décorer le trésor
Qui se meurt épuisé!

MIGNON.

De ce funeste sort,
Pour calmer la rigueur, décorons le ministre.

SCÈNE V.

LUCAS, DUCOUR et tous les autres sortent à l'exception de
LAPOMME et de MIGNON.

LAPOMME, courant à Mignon très affairé.

Enfin, nous sommes seuls.

MIGNON.

Comme vous voilà triste!

LAPOMME.

Ici même à l'instant vous m'avez honoré
Du nom de sous-préfet; d'un ton fort assuré,
Je venais vous prier...

MIGNON.

Cette physionomie
Indique dans la bourse un état de phthisie.
Mal grave, ancien, profond, mon œil l'a constaté,
Compliqué d'un billet récemment protesté.

LAPOMME.

Hélas! Puisque le ciel en vous a laissé naître
Le pouvoir surprenant de tout voir et connaître...

MIGNON.

Vous voudriez...

LAPOMME.

Savoir comment rassasier
Le premier appétit du plus gros créancier.

MIGNON.

La chose est sûrement aujourd'hui très facile.

LAPOMME.

Facile, aujourd'hui, quand le crédit indocile
Ne donne plus un sol!

MIGNON.

A l'emprunt recourir,
Vers Clichy ce serait tout droit vouloir courir.
Soyez plus au courant des choses de finance.

LAPOMME.

A qui prête il faut bien consentir sa créance.

MIGNON.

Pourquoi... J'aime bien mieux le moyen fort goûté
De remplir son gousset sans titre constaté.

LAPOMME, stupéfait.
Emprunter sans devoir!...

MIGNON.

Non pas emprunter; prendre.

LAPOMME, scandalisé.
Ah, Monsieur!...

MIGNON.

Ce mot-là pourrait-il vous surprendre?
Je le pratique, moi... Je prends sur le budget
Vingt mille francs... ergo... faites-vous sous-préfet.

LAPOMME.

Mais pour administrer je n'ai pas fait d'étude.

MIGNON.

Et qui donc a l'esprit trop épais ou trop rude
Pour ne pas bien savoir toucher un traitement!

LAPOMME.

Pour remplir un mandat serai-je compétent?

MIGNON.

Aurais-je plus que vous le talent des affaires ?

LAPOMME.

Vous, le plus renommé de tous nos commissaires!

MIGNON.

Commissaire! et mon cher, à parler sans façon
Je ne suis, comme vous, qu'un viveur, bon garçon,
Assez fort au billard, fumant des cigarettes,
Très connu dans Paris pour mal payer mes dettes.

LAPOMME.

Vous n'étiez pas alors dans le Conseil d'état?

MIGNON.

Des conseils? Je n'en tins, vrai, qu'avec quelque rat
Dans le corps des ballets.

LAPOMME.

                    Vous donnâtes des gages
De travail, de talent...

MIGNON.

                    Quittez donc ces nuages
Revenez sur le sol... Pourvu que vos poumons
Aient bruyamment poussé des protestations,
Des vivats bien timbrés, votre affaire est certaine.
Du peuple, vous verrez les délégués en peine

Vous offrir un, deux, trois sous-commissariats.

LAPOMME, transporté.

Et l'on dirait encor : Les peuples sont ingrats!
Oh! pour les débiteurs, vrai pays de cocagne,
France! au soleil plus beau que le soleil d'Espagne!
Dont les rayons dorés sèment dans nos vallons,
Tous les cinq ou six ans, ces révolutions
Qui produisent tant d'or et surtout tant de places
Pour les gens besoigneux de garnir leurs besaces.
Accepte mes saluts! O reine des progrès,
De l'amour des humains redouble tes accès
En prodiguant l'argent pris sur le grand registre!...

SCÈNE VI.

Tous ceux qui viennent de sortir rentrent. Les uns portent un énorme coffre-fort couvert d'un voile noir, les autres, des registres volu-
mineux.

LUCAS.

Voici du malheureux le cortége sinistre.

MIGNON, s'approchant du coffre, placé au centre du théâtre.

Voyons. Mais avant tout je voudrais l'osculter.
   (Il frappe sur le coffre, puis regarde l'intérieur.)
Amis, il sonne creux; pourquoi se tourmenter
De si peu?... Par le ciel, quelle vaste poitrine!

LUCAS.

Très vaste! Mais voyez quelle piteuse mine.

MIGNON.

Que lui manque-t-il donc?

DUCOUR.

                Eh! Monsieur, des poumons!...

MIGNON.

Rien que cela! parbleu, nous les rétablirons.

LUCAS, enchanté.

Vraiment!

MIGNON, avec assurance.

Oui, jamais rien fut-il moins difficile
Que de remplir un coffre...

LUCAS, dans l'admiration.

Oh, financier habile!...
Pour mettre la dépense en regard du produit...
Vite que le registre à ses yeux soit produit.

(Deux hommes placent un grand livre ouvert sur une table devant
Mignon.)

MIGNON, additionnant les chiffres en calculateur consommé.

Quatre et cinq... donnent dix, et quatorze... quarante;
Quarante et quatre-vingts produisent cent soixante;
Cent soixante et trois cents... font bien mille, je crois...
Résultat des totaux calculés à la fois :
Plus de trois millions de recette courante...
Dépenses, y compris l'intérêt de la rente :
Cinq millions deux cents...

(S'arrêtant pour réfléchir.)

Voyons, recueillons-nous,
Méditons sur l'ensemble et les détails... Et vous,
Suivez bien mes calculs.

DUCOUR.

Quel travail de cervelle;
Le démon financier jaillit de sa prunelle.

MIGNON, d'un ton triomphateur; attention générale.

J'ai tout vu! je le tiens!... Ce résultat nous dit
Que le budget, Messieurs, se meurt de déficit.

LUCAS.

Oui, mais d'où vient ce mal?

MIGNON.

De certaine coutume
Provenant de la soif, qui force gens consume,
De prendre là-dedans beaucoup plus qu'on ne met.

DUCOUR.

Et comment amener un résultat plus net ?
Car c'est bien là le mal ancien qui nous dévore.

MIGNON.

N'est-ce pas?... Des pédants à l'esprit de pécore
Eussent en hésitant dit ceci... puis cela ;
Moi, ferme comme un roc, je dis : le mal est là.

DUCOUR.

Nous en sommes d'accord ; mais la raison, de grâce,
D'empêcher que le mal soit là?...

MIGNON, avec embarras... se recueillant.

Dans sa préface
Du monde harmonieux, le sublime inventeur
A dévoilé du mal toute la profondeur.

DUCOUR, attentif.
Vraiment...

MIGNON.

Sur ce terrain qu'il dit de belles choses ;
Après lui, les plus forts demeurent bouches closes !

LUCAS.

Ouf! Quel homme est-ce donc ?

MIGNON.

Un grand musicien
Qui trouve des accords, en bon praticien,
Jusqu'au fond de la mait, où mitron en cadence,
Tourne et bat sa farine avec recrudescence.

Ses meules au moulin font tierce en *ut* mineur,
Par lui les cabestans grincent en *la* majeur.
Il laboure les champs en gamme chromatique,
Il fait braire et courir les ânes en musique,
Sur son assiette on voit gazouiller les anchois,
Et la grêle du ciel tombe en chapeau chinois...

LUCAS, impatienté.

On en est convenu; revenons à nos rentes.

MIGNON, avec admiration.

Ah! quel négociant habile dans ses ventes!
Qu'il est adroit, subtil... comme on vend de l'empois,
Des harengs et des clous; il vous détaille au poids
Quatre livres d'amour, six livres de prudence.

LUCAS.

Donne-t-il bon marché, Monsieur, la patience?

MIGNON.

Qu'en ferait-on alors qu'on a tout ce qu'on veut,
Et qu'il tombe d'en haut des bonbons quand il pleut?..
Pour les vices, il est besoin, sur toute chose,
D'en verser à chacun en suffisante dose;
Car de même qu'un chat passe pour un lapin
Quand il est en civet mis à la sauce au vin,
Ainsi les passions les plus impitoyables
Peuvent, grâce au ragoût, donner des mets passables.

LUCAS.

Eh, Messieurs! donnez-nous d'abord un peu de pain.
Le déficit est là...

MIGNON.

          Qui donc parle de faim,
Lorsque du cœur humain nous sondons le problème?
Importuns, déranger l'équilibre suprême
Qui donne aux passions le vernis des vertus!...
Notre homme au gobelet enlève les abus,

9

L'équilibre est son fort; jouant avec les hommes
Comme le clown Auriol jongle sur douze pommes
Avec le firmament, il joue au bilboquet;
Il veut substituer au soleil un quinquet.
Colossal jusqu'aux cieux, dans sa noble utopie,
Sur une aiguille à coudre ainsi qu'une toupie,
Il ferait sur un fil notre terre marcher...

LUCAS.

Ne lui faudrait-il pas tout d'abord l'embrocher?

MIGNON.

Oui.

DUCOUR.

Mais nous habitons, Monsieur, cette planète
Et nous ne voulons pas être mis en brochette.

MIGNON.

D'accord...

SCÈNE VII.

LES PRÉCÉDENTS, PHROSINE entre et pénètre dans la
foule en cherchant Mignon.

PHROSINE.

Qui d'entre vous me tire d'embarras?
Je cherche un sieur Mignon, et l'on m'a dit là-bas
Qu'on me l'enseignerait à cette Préfecture...

MIGNON, le lui montrant.

Madame, le voilà.

PHROSINE, stupéfaite.

Ciel! étrange aventure!...

Mon Mignon en préfet!...

MIGNON, décontenancé.

Ma femme, justes Dieux!...
Quel démon ennemi l'a conduite en ces lieux?
(Se penchant à l'oreille de Phrosine.)
Je suis Préfet, Phrosine, et ne puis te connaître.
Disparais; tes discours pourraient me compromettre.

PHROSINE, indignée.

Me chasser!... Voyez-moi, le gueux!...

MIGNON, toujours à son oreille.

Je suis préfet,
Te dis-je...

PHROSINE, comprimant sa fureur.

L'orgueilleux! le fat! Le bel effet
Que tu produis, vraiment, avec cette prestance.

MIGNON.

Sotte! j'aurais par an dix mille écus... Silence!...

PHROSINE, se calmant à ce mot.

Dix mille écus! Jarni! Par quel coup de hasard
Cette aubaine?

MIGNON.

Tais-toi, je t'y donnerai part.

PHROSINE.

Mignon, dix mille écus!... Quel commerce, mon homme!...
Vendeur de cigarette ou de sucre de pomme!...

LUCAS, à Mignon, reconnaissant Phrosine.

Et voilà justement notre dame aux beaux yeux
Qui nous a fait de vous un portrait si pompeux.

PHROSINE, bas à Mignon.

C'est moi qui t'ai valu, tu vois, la préfecture.

LUCAS, poursuivant.

Et qui pour prévenir toute mésaventure
Et vaincre vos refus, nous donna pour conseil
De vous épouvanter par le sombre appareil
Du cachot, des recors, d'une lettre de change
Protestée...

MIGNON, irrité.

Ah! c'est toi, petit diable!...

PHROSINE, s'efforçant de le radoucir :

Cher ange !
C'est à moi que tu dois dix mille écus...

LUCAS.

Enfin,
S'il résistait encore et faisait le malin,
Dit-elle, qu'un canon braqué sur sa poitrine
Le fasse convenir qu'il est préfet...

MIGNON.

Coquine !
Que je te rosserais, si l'on ne nous voyait !...

PHROSINE, bas à Mignon.

Doux ami de mon cœur, pardonne, s'il te plaît,
En faveur de l'honneur !...

MIGNON, bas à Phrosine, et la menaçant d'un soufflet :

Que malgré toi, friponne,
Ces gens m'ont accordé. Fuis, sinon, je donne...

PHROSINE.

Cher Mignon de mes yeux !
(A part).
Mon Dieu ! qu'à son argent
Je voudrais des deux mains m'accrocher tendrement !

Il me faut l'apaiser en lui rendant service,
Et racheter mes torts par quelque bon office.

(Elle s'éloigne; arrivée au fond du théâtre, elle se retourne, regarde
autour d'elle, semble chercher une cachette, et voyant qu'elle n'est
pas aperçue, elle se blottit dans le grand coffre des fonds publics).

LUCAS, ramenant Mignon à la question.

Du déficit vos yeux ont-ils sondé la nuit?

MIGNON.

Sans doute!... La dépense absorbe le produit.

DUCOUR.

A votre avis, comment rétablir la balance?

MIGNON.

En augmentant l'emprunt pour doubler la dépense.

LUCAS.

Qu'en dites-vous, messieurs?

UN CONSEILLER.

C'est, parbleu, concluant.

LE JUGE DE PAIX.

Pyramidal!

UN FACTEUR RURAL.

Sublime!...

UN COMMISSAIRE DE POLICE.

Enfin, mirobolant...

DUCOUR, prenant Mignon à part.

Vous dites seulement, pour tout mettre en balance,
Qu'il faut doubler l'emprunt et tripler la dépense.
Ce principe me semble un tant soit peu chanceux,
Et j'aurai mal compris, peut-être, un mot ou deux.
Avec plus d'à-propos, ne voulez-vous pas dire
Qu'il faudrait, d'une main économe, interdire
Tout emprunt ruineux et chercher à calmer
Cette fièvre d'impôts qui veut nous affamer?

MIGNON, avec exclamation.

Grossière erreur, qui fut autrefois partagée
Par nos aïeux à la cervelle dérangée,
Par un nommé Francklin, notamment... mais, depuis,
De la routine on a comblé le fond du puits,
Et nous enrichissons les Etats par les dettes,
Les peuples, en forçant le budget des recettes...
Exemple : l'Etat doit quarante et n'a que vingt.
Pour balance, à l'emprunt vous demandez vingt-cinq.
L'année suivante, on solde, au jour de l'échéance,
Par un bon déficit de trente... La dépense
Va toujours son chemin... On ouvre un autre emprunt...

LUCAS.

Très bien; mais le crédit sera bientôt défunt.

MIGNON.

Tant mieux ! cela vous met tout à fait à votre aise.
Plus d'emprunts, dites-vous ? Alors, ne vous déplaise,
Messieurs les créanciers, nous vous consolidons.

LUCAS, écoutant attentivement.

Sur quels étais ?... Comment ?...

MIGNON.

          Eh, parbleu! nous rognons
Les trois quarts de la dette et nous gardons le reste;
Puis, nous recommençons nos emprunts.

LUCAS.

          Mal de peste!

MIGNON.

La dépense redouble, et la dette aussitôt
S'élance, court, bondit à tel point que bientôt
Elle atteint ce premier degré d'hypertrophie
Qui nous l'avait déjà fait saigner.

DUCOUR.

          Sur ma vie,

Je suis tout interdit...

MIGNON.

Autre opération :
Aussitôt on pratique en liquidation;
Et, d'emprunt en emprunt, entés sur la faillite,
L'Etat voit, de ce train, sa fortune aller vite,
Surtout celle des gens chargés de la soigner.
En attendant, Messieurs, voulant, sans rien rogner,
Pousser rapidement la défense courante,
N'ayant plus de forêts d'ailleurs à mettre en vente,
Nous prendrons nos impôts partout où nous pourrons.

DUCOUR.

Et les récalcitrans?...

MIGNON.

Parbleu, nous les pendrons!

LUCAS.

Les pendre!... Holà, Monsieur, la menace nous touche;
Car nous sommes couchés sur le registre à souche
Chacun pour acquitter notre part de l'impôt,
Et nous prétendons bien que jamais notre écot,
Sous lequel nous plions déjà dans la misère,
Ne sera, par exploit d'un brutal garnissaire,
Augmenté de cinq sols...

MIGNON.

Cependant, il faut bien...

LUCAS.

Il faut, il faut, Monsieur, ne demandez plus rien
A la classe jadis taillable, corvéable,
Et, malgré le progrès, toujours contribuable.

MIGNON, avec exclamation.

Ne plus payer d'impôt! Veut-on à cet effet
Frapper les traitemens levés sur le budget?

DUCOUR, indigné.

Les frapper!... Quel outrage à ma noble personne.
Je suis instituteur.

LE FACTEUR RURAL.

Monsieur, mon chef grisonne
Depuis trente-deux ans à porter des paquets,
Timbrés de cachets bleus, des maires aux préfets.
Je suis facteur rural.

UN VALET DE VILLE.

Monsieur, avec scrupule,
J'ai toujours surveillé les poids et la bascule.

UN GARDE CHAMPÊTRE.

Moi, je garde les champs, les bois et les pommiers
Sous la direction des agens forestiers.

DEUXIÈME VALET DE VILLE.

Je suis valet de ville, et je fais la police.

UN AGENT.

Moi, j'interdis la fraude à nos marchands d'épice.

TROISIÈME VALET DE VILLE.

Je jette, chaque mois, certaine potion
Qui fait les chiens errants mourir en passion.

UN VALET DE VILLE.

Je nourris quatre enfans avec mon mesurage.

UN CRIEUR PUBLIC.

Je fais vivre un vieux père avec mon affichage.

TOUS, à l'unisson.

Et l'on voudrait rogner nos traitements!...

MIGNON, effrayé.

Pardon!

Il faut que chacun paie, alors...

LUCAS.

D'un bon bâton,

Sans doute.

MIGNON.

De sa bourse.

LUCAS.

Et pourquoi, je vous prie.
L'homme est libre, et jamais sa dignité flétrie
Ne courbera le front devant le percepteur.

TOUS.

A bas tous les impôts!...

MIGNON, cherchant à les adoucir.

Point de vaine clameur!
Si vous n'apportez rien à la caisse publique,
Comment espérez-vous que notre république
Puisse payer les gens qui la servent?...

DUCOUR.

A vous
De trouver le moyen!... Nous vous avons chez nous
Nommé préfet, Monsieur, et pris de confiance
Pour voir votre talent relever la balance
De nos fonds compromis, et par quelque façon
Encore inusitée, à l'aide d'un poinçon
Gravé sur du papier, avec du magnétisme
Par Agrippa Laensberg, ou tout autre empirisme,
Nous placer dans l'état aimable et gracieux,
Où, sans rien débourser, l'homme, semblable aux dieux,
Mollement étendu sur son propre mérite,
Et n'ayant ici-bas qu'à soigner sa marmite,
Touchera chaque jour de bons appointements!...
Chose juste, Messieurs, car les gouvernements
Ne furent établis que pour donner des places
A chaque citoyen, et répandre des grâces

Comme Dieu répand l'air, et la lumière et l'eau.

TOUS, en chœur.

Vive l'instituteur!

MIGNON.

Le principe est fort beau.

Mais d'où tirer...

UN AGENT DE POLICE.

Non, rien, je veux que mon salaire

S'élève de moitié.

LE CRIEUR PUBLIC, d'une voix de Stentor.

Moi, je ne veux me taire

Qu'après avoir reçu doubles émoluments.

MIGNON.

Quel tapage!

LE FACTEUR RURAL.

Je veux que mes émargements

S'élèvent désormais à quatre-vingts pistoles.

MIGNON.

Pour de bons citoyens, voilà de tristes rôles...

UN EMPLOYÉ, menaçant.

Deux mille francs de plus pour toucher les octrois!

LE GARDE CHAMPÊTRE.

Je ne garde les champs que pour deux mille et trois.

UN JUGE DE PAIX.

J'exige mille écus pour rendre la justice.

UN COMMISSAIRE DE POLICE.

Je veux le double alors pour faire la police

En dédommagement des coups que je reçois.

TOUS, en chœur.

De l'argent, de l'argent! et vivent les emplois!...

DUCOUR, montrant un pistolet à Mignon.

Et ne répliquez pas, on connaît la manière
De rendre à vos talents leur valeur tout entière...

MIGNON.

Eh, Messieurs!...

DUCOUR.

Point de mais!

PREMIER SOLLICITEUR.

Des places ou la mort!

DEUXIÈME SOLLICITEUR.

De l'argent ou ton sang!

MIGNON.

Mais le budget est mort.

PREMIER SOLLICITEUR.

De l'argent ou ta vie!

MIGNON.

Aurez-vous bien l'audace
De vouloir me contraindre...

LUCAS.

Il fallut la menace
Pour t'arracher l'aveu de tes vastes talents,
Te faire soulager un budget sur les dents,
Et ramener partout le crédit et l'aisance.
Ah! nous saurons, morbleu! brisant ta résistance,
Te forcer à suer de l'argent et de l'or
Pour rendre la pléthore à ce maigre trésor.

MIGNON, implorant.

Citoyens.

DUCOUR, lui présentant le pistolet.

Obéis, ou sinon...

MIGNON.

Mes chers frèr es!

De grâce...

LE FACTEUR RURAL.

Point d'excuse!

MIGNON, se résignant.

Allons, par mes prières,
De remplir vos souhaits je voudrais bien tâcher,
Afin que vous n'ayez rien à me reprocher.
Mais si je ne puis pas réussir?...

LUCAS.

A l'épreuve!...
Un homme comme vous obtient tout.

MIGNON, élevant les mains au ciel d'un ton suppliant et inspiré.

O grand fleuve,
Par les Grecs adoré, Pactole, que tes eaux
De ce trésor à sec remplissent les vaisseaux !
Et vous, le Dieu des dieux, Plutus, dont le génie
Voyage du Pérou dans la Californie;
Nicolas, Jean Flamet, alchimistes fameux,
Qui fîtes jaillir l'or de vos livres poudreux,
Prêtez-moi pour deux jours votre philosophale,
Et je serai plus grand que César à Pharsale;
Car, César n'y trouva qu'un pouvoir détesté,
Tandis que de Plutus le sceptre incontesté,
Sur mes adorateurs répandant son eau rose,
De vivats entendra toujours grossir la dose...
Et toi, de l'alchimie adorable héritier,
Magnétisme, qui seul peux sauver le métier,
En conservant le don de faire des miracles,
Malgré les esprits forts soulevant mille obstacles,
Prête un peu ta magie à mes constants efforts,
Applique ton fluide à mes puissants ressorts...

(S'adressant au coffre.)

Enfin, de nos écus palladium respectable
Daigne répondre aux cris de ma voix lamentable.
Le Pactole t'emplit, grossis à tous les yeux
Pour apaiser la faim des plus ambitieux.
Crésus verse sur toi ses trésors d'Arménie.
Grandis comme un géant, confonds la calomnie
Qui veut sur ton visage abattu, décrépit,
Ne voir que la faillite après le déficit...

(Reprenant une position plus humble, et baissant la tête avec accablement.)

Je me suis épuisé pour flatter leur caprice,
Et n'ai plus qu'à subir les coups de leur malice.

(Le couvercle de la caisse s'élève, et le drap qui la couvre monte jusqu'au plafond.)

Oh! mon Dieu!...

(Ebahissement général; quelques assistans tombent prosternés, les autres s'aplatissent contres les murailles.)

LUCAS.

Juste ciel!...

DUCOUR.

Que vois-je! Il est sorcier.

LUCAS.

A sa voix le budget s'élève en peuplier.

MIGNON, pétrifié.

Le ciel prêtant la main à ma supercherie,
Rendrait-il ses pouvoirs à la sorcellerie?

DUCOUR, montrant le coffre.

Il se gonfle d'écus, et le Sacramento
Se mêle dans son sein avec l'Eldorado.

MIGNON.

(Il va frapper les parois du coffre.)

Il ne résonne plus! Oh! mystère incroyable!
Le veau d'or est rentré dans notre tabernacle...

DUCOUR, à la foule.

Plus de retard! tombous sur nos émargemens
Et payons l'arriéré de nos appointemens.

LUCAS.

Pour traire jusqu'au fond sa puissante mamelle,
Et râcler du budget les os jusqu'à la moëlle,
Allons chercher nos sacs...

(Il sort et les entraine. Leur empressement les fait se heurter et se cogner à la porte.)

SCÈNE VIII.

MIGNON, puis PHROSINE.

MIGNON, seul, regardant le coffre qui se baisse.

Les voilà bien surpris!...
Aurais-je la berlue, ou de vin suis-je pris?
Coffre mystérieux, te moques-tu du monde?...
(Apercevant Phrosine qui sort de derrière le coffre.)
Une femme!...

PHROSINE, éclatant de rire.

Est-il bon!

MIGNON.

Que le ciel te confonde!...

PHROSINE.

Serait-ce pour t'avoir sorti d'un mauvais pas?

MIGNON.

Hélas! ne vois-tu pas grandir mon embarras,
Quand ils ne trouveront que cet immense vide
Dans la caisse qu'ils ont cru pleine d'or fluide?

PHROSINE.

Et n'est-il pas assez important, ô mon cœur,
D'avoir pu détourner leur première fureur?
D'un péril évité, n'attends pas la reprise.
Fuis avec moi.

MIGNON, résistant.

Comment, quitter mon entreprise
De canaux, de chemins, et perdre les écus
Que chaque mois j'aurais sur le budget reçus!...

PHROSINE, montrant le coffre.

Le trésor est à sec, et tu n'as d'autre chance
De régler avec eux qu'à coups...

MIGNON se résout à la suivre.

Cette quittance
N'aura pas mon aval... Chimères des grandeurs,
Je vous quitte, et je vais adoucir mes malheurs...

PHROSINE.

Près de moi, n'est-ce pas?... Par traité d'alliance,
Et contrat mutuel, faisons, en confiance,
Nos cœurs se pardonner leur tort alternatif.

MIGNON.

On voit chez les banquiers le passif et l'actif
Se compenser; sachons, ma Phrosine chérie,
Sacrifier un peu de notre bouderie.

PHROSINE, avec un ton caressant.

Nous allons nous aimer comme par le passé!...

MIGNON, de même.

Le cigare jamais ne sera refusé?...

PHROSINE.

Non, dût-il m'en coûter ma dernière chemise.
A ton tour envers moi, plus jamais de sottise...

MIGNON.

Jamais, sur mon honneur!...

PHROSINE.

           Fidélité, toujours?

MIGNON.

Comme un vrai tourtereau jusqu'à mes derniers jours.

PHROSINE.

Pour plus de sûreté, tout de bon tu m'épouses?...

MIGNON.

Oui, je ceindrai ton front du bandeau des épouses,
Comme dit le bourgeois du quartier Vaugirard.
Pour cachet marital, j'adopte le riflard,
Et, rangé comme un juif dans la moindre dépense,
Je prétends faire honte à nos budgets de France,
En vivant sans empr unts, jusqu'à la fin de l'an,
Pour solder en actif tout mon compte courant...

     (Il prend Phrosine par le bras et l'emmène.)

SCÈNE IX.

LUCAS, DUCOUR, LES PRÉCÉDENTS, rentrent précipitam-
ment apportant de grands sacs.

TOUS, à la fois.

Emargeons! émargeons! Sans agent de finance...
     (Ils entourent la caisse qu'ils assiégent en tenant leurs sacs ouverts.)

LUCAS.

Eh! Messieurs, doucement! Sachez faire silence!
     (Ils se poussent les uns les autres et se pressent contre le coffre.)
Ai!...

LE FACTEUR.

     Pitié!,..

LE CANTONNIER, à celui qui le pousse.

Maudit!...

LUCAS.

J'étouffe!...

DUCOUR.

Je suis mort !

Où donc est le préfet pour nous mettre d'accord?...
(Au milieu de cette cohue la caisse chancelle.)

LUCAS, la retenant.

La caisse va tomber!...

DUCOUR.

Malheur! elle se brise!

(Elle tombe, s'ouvre et tous les regards plongent dans l'intérieur.)
Quoi! rien?...

TOUS, avec désespoir.

Damnation!...

LUCAS.

Le préfet l'aura prise!

TOUS, se précipitant vers la porte.

Au voleur! au voleur!...

(Il sortent laissant leurs sacs sur le théâtre à l'exception de Ducour et
de Lucas.)

SCÈNE X.

DUCOUR, atterré.

Le malheur est complet!

Lucas, quelle leçon!...

LUCAS.

Dis le mot, quel soufflet!

10

Que de fracas, mon Dieu! que de bruit, que de peines!
Que d'espoir mal fondé ruisselant dans nos veines!
Pour saisir le bonheur et la prospérité,
Secouer promptement la médiocrité!...

DUCOUR.

Que de rêves pompeux! quels châteaux en Espagne!

LUCAS.

Que de courses, hélas! au pays de cocagne!
Et tout cela pour être au bout de nos efforts
Plus pauvre que jamais.

DUCOUR.

　　　　　　À fouiller des trésors,
Pour chercher du bonheur les traces incertaines,
Nous avons épuisé nos forces les plus saines,
Troublé notre raison, fatigué nos cerveaux
Plus que ne l'eussent fait ces utiles travaux
Auxquels l'humanité doit être assujétie
Pour remplir ses désirs; mais avec modestie....
Épargner ce qu'on tient, et travailler toujours,
Ne pas trop espérer, telle est, durant les jours
Que Dieu nous a donnés, la première sagesse
Pour atteindre sans trouble une heureuse vieillesse.

FIN DU COMMISSAIRE MALGRÉ LUI.

AUCH, IMPR. ET LITHOGR. DE J. FOIX, RUE NEUVE.

OUVRAGES DU MÊME AUTEUR.

Introduction à la Politique rationnelle (1847). Joubert, éditeur, rue des Grès-Sorbonne, 14, Paris.

Des Bases de l'Instruction secondaire, seconde édition. (*Ibid.*)

Eléments d'Economie sociale, seconde édition. (*Ibid.*)

L'Eglise romaine et la Liberté, 1 vol. in-8° (1848). Périsse frères, rue Bourbon-St-Sulpice, 18, Paris.

Aquitaine et Languedoc, études et romans historiques. — *Medella.* — *Le Berger d'Alaric.* — *Lampagie.* — *Le duc Bernard*, 2 fort vol. grand in-8°, illustrés. — Chez Lebigre, rue de la Harpe, 30, Paris.

Les Aventures d'un grand Agitateur, 1 fort vol. in-8° (1850). Comon, éditeur, Quai Malaquais, 15.

Adélaïde de Montfort ou la Guerre des Albigeois, 1 fort vol. in-8°. Au comptoir des Imprimeurs-Unis. Comon, éditeur, 15, Quai Malaquais, Faubourg Saint-Germain, Paris.

SOUS-PRESSE CHEZ LE MÊME :

Raymond de St-Gilles ou les Croisades, 1 vol. in-8°.

Provence en Orient, 1 vol. in-8°.

Les Epoux au Berceau ou Languedoc et France, 2 vol. in-8°.

Histoire des Pyrénées, 2 fort vol. grand in-8°.

Nouvelles sociales, 1 vol. in-8°.

Alain Gelu ou quelques socialistes du XIVe siècle, 1 fort vol in-8°.

www.ingramcontent.com/pod-product-compliance
Lightning Source LLC
Chambersburg PA
CBHW060759110426
42739CB00032BA/2069